これだけは知っておきたい

言葉づかい

時とともに・言葉が変わる理由

日本大学准教授

竹林一志

笠間書院

はしがき

ある政治家が「踏襲」を「ふしゅう」と言ったり「未曾有」を「みぞうゆう」と言ったりして、話題になったことがあります。「言葉は人の信用に関わるんだなあ」と日本中の人々が思ったのではないでしょうか。

言葉の大切さが認識されたことは嬉しいのですが、少し気になることもあります。それは、「言葉は怖い」「言葉は難しい」と必要以上に思ってしまう人が増えてしまうのではないかということです。

『敬語はこわくない』（井上史雄著）という本があります（お薦めの本です）。「敬語は怖い」「敬語がうまく使えない」と感じている人が少なくないので、そういうタイトルの本が出るのでしょう。

ふだん無意識に使うことの多い母語に敏感であるのは良いことです。しかし、それも度を越すと「言葉恐怖症」になりかねません。

「正しい日本語を話しましょう」とか「それは正しい日本語ではありません」といった言い方を耳にすることがあります。「正しい日本語」とは何でしょうか。

数年前、私は、初対面の方に「竹林さんは、どういうお仕事をなさっているんですか」と聞かれました。日本語の研究・教育にたずさわっていると答えると、「私は正しい日本語が使えなくて恥ずかしい」とのこと。この方がイメージされている「正しい日本語」とは、どういうものだったのでしょうか。

「正しい日本語」というものがあるか否か、「正しい日本語」とはどういうものか、ということについては様々な意見があると思いますが、私が共感をおぼえるのは小松英雄氏の考え方です。小松氏は著書『日本語はなぜ変化するか』の中で次のように書いています。

正しい日本語が客観的かつ固定的に存在するわけではない。相手に抵抗を感じさせないのが正しいことばづかいであり、とりもなおさず正しい日本語である。相手しだいで、いくとおりもの正しい日本語があり、その場に応じてそれらを適切に使い分けるのが言語運用の能力である。

（二四一ページ。傍線は原文のもの）

「正しい日本語が客観的かつ固定的に存在するわけではない」という見方は、私たちの気持ちを軽くしてくれます。

相手や場に応じて言葉を使い分けるというのも、あまり難しく考える必要はありません。ふだん家にいるときはリラックスできる服を着ていても（私はパジャマ姿でいることも多いのですが）、改まった場所に行くときには、きちんとした服装にしますよね。言葉の使い分けも同じようなことです。
日本語の研究・教育にたずさわる者としては、「言葉は怖い」「言葉は難しい」というのではなく、「言葉は面白い」と思っていただきたいのです。そして、言葉の世界の奥深さを味わっていただきたい。これが私の願いです。この本を通して、言葉の面白さ・奥深さをお伝えしたいと思います。どうぞ最後までお付き合いください。

二〇一一年二月

竹林一志

目次

本書でお伝えしたいこと

言葉づかいは、その人の人間性・品格と結びつけられがちです（本当は、必ずしも結びつかないのですが）。

言葉のあり方を正確に理解していないために、何かの言葉づかいから人を誤解し、コミュニケーションがうまく行かなくなってしまうのは、つまらないことです。また、自分の言葉について意識的でなかったために、人に誤解されているかもしれません。

この本を通して、違和感のある言葉づかいや自分自身の言葉づかいについて考えていただければ幸いです。

第1章でもお話ししますが、北原保雄（編）『問題な日本語』シリーズ（大修館書店）は素晴らしい本だと思います。新しい言葉づかいが生まれ、広がっている理由・背景を分かりやすく解説しています。また、明らかに誤っている言い方については、間違いであることをはっきりと指摘しています。

ただ、惜しいことに、一つ一つの言葉づかいについての個別的な説明にとどまっていて、全体的な整理がなされていません。そのため、性質の異なる様々な言葉づかいを「問題な日本語」として一括りにしているような印象を与えてしまいかねないように思います。そうだとしたら、執筆者の方々の意に反することでしょう。

本書は、いわゆる「問題な日本語」「日本語の乱れ」の中に様々な性質のものがあるという考え方をとります。この考え方は大多数の言語研究者が共有しているものです。そして、その様々な性質に応じて態度・対応を変えるべきであることを述べます。

合理的な理由があって変化が生じ、すでに幅広い世代・地域に広がっている言葉づかいがあります（第2章〜第4章）。そのような、いずれ「普通の日本語」として定着すると考えられる言葉づかいに目くじらを立てても、あまり意味がありません。こういう種類の言葉づかいは「乱れ」と言わないほうがよいと思います。

一方、単なる学習不十分による誤用もあります（第5章）。こういうものを安易に肯定するのは妥当でないでしょう。

また、「若者言葉」や「カタカナ語」に関しても、様々な若者言葉、様々なカタカナ語があります。一括りにするのは望ましくありません（第6章、第7章）。

何事においてもバランスをとることが大切ですが、言葉の問題でも同じです。言葉の変化の全面肯定・全面否定ではなく、一つ一つの言葉づかいごとに判断することが重要でしょう。そのためには、「言葉を見る眼《め》」を養うことが必要です。絵画を見る眼や人を見る眼があるように、言葉を見る眼というものもあります（「おわりに」）。言語表現について的確に考え、把握する力のことです。

「はしがき」で言葉の使い分けのことを書きました。相手や場に応じて言葉を適切に使い分ける力のことを「言葉づかい力」と言うことにしますと、この言葉づかい力を磨くための基礎は、何といっても言葉を見る眼を養うことです。

本書を読み進むにつれて、「言葉は、こういうものなのか」ということがお分かりいただけると思います。そして、言葉の見方・使い方の勘所《かんどころ》がおのずと会得できるでしょう。

1 日本語は乱れているか
――性質に応じて見方や対処を考える

『問題な日本語』という本があります（北原保雄［編］、全三冊）。「問題な日本語」という言い方自体が問題なのですが（どうして問題なのかは、この章の最後のあたりでお話しします）、そのことを承知の上で、あえて書名にしているのです。「問題な日本語」という言い方は、「この言葉づかいは問題だ（あるいは、問題ではないか）」と言われるような日本語表現を指すのに便利なので、本章でも使うことにします。

同じく「日本語」と言っても、世代間で言葉づかいに違いがあります。もちろん、同世代でも、人によって言葉づかいの違いがありますね。そして、そのことによって気持ちが通じ合わない、コミュニケーションがぎくしゃくするというようなことが、特に年輩の人と若者の間で起きます。この章では、こういう問題をどうしたらよいのかということについて、私の考えをお話しします。

▼文化庁の「国語に関する世論調査」

文化庁は、一九九五年から、毎年一回、「国語に関する世論調査」を行なっています。平成一九年度の調査は、全国一六歳以上の男女、約三千五百人を対象として、二〇〇八年三月に個別面接調査で行われました（調査結果は、文化庁文化部国語課『平成一九年度　国語に関する世論調査　日本人の国語力と言葉遣い』に記されています）。

この調査の問二に、「今の国語は乱れていると思うか、乱れていないと思うか」という質問があります。この質問に対して、約八割（正確には七九・五％）の人が「乱れていると思う」と回答しました（平成一四年度の調査でも同様の結果が出ています）。約八割というのは、かなり高い割合ですね。

右の世論調査では、「乱れていると思う」と回答した人たちに、どのような点で乱れていると思うかを尋ねています（選択肢の中から三つまで回答）。その結果、半数を超える人が「敬語の使い方」（六七・一％）と「若者言葉」（六〇・四％）を選択したそうです。なお、「敬語の使い方」「若者言葉」以外の選択肢は、「あいさつ言葉」「新語・流行語の多用」「発音やアクセント」「外来語・外国語の多用」です。

▼「言葉の乱れ」に対する批判は昔からあった

「日本語が乱れている」という指摘はよく耳にしますが、じつは、こういうことは昔から言われていました。古典文学として有名な『枕草子』『徒然草』の中にも「言葉の乱れ」に対する批判が書かれています。

『枕草子』は、清少納言によって約千年前に書かれたものです。この『枕草子』の中で、清少納言は、《〜しようとする》という意味を表す「〜んとす」という言葉の「と」を抜いて、「〜んずる」と言ったり書いたりすることを非難しています。

また、約七百年前に吉田兼好が書いた『徒然草』にも、手紙や会話の言葉が最近では情けないものになっているという批判があります。

『枕草子』『徒然草』の例から分かるように、新しい言葉づかいが生まれると「言葉が乱れている」と批判されるというのは、昔からあったことです。現代に限らず、いつの時代でも「最近の若者は、なっていない」と言われるのと同様です。新しい言葉づかいで話すのは若い世代の人に多いので、若者に対して年輩の人が顔をしかめることになります。

このように「言葉が乱れている」という指摘・批判は何百年以上も前からあったのですが、先ほど紹介した「国語に関する世論調査」の結果のように、今も言葉の乱れを感じている人がかなり多い。二〇〇八年七月一九日の『朝日新聞』(朝刊)には、「日本語の乱れを感じますか?」という朝日新聞社のアンケートの結果が掲載されています。このアンケートでは、回答者約四千五百人のうち、なんと九六%の人が「はい」(日本語の乱れを感じる)と答えています。ちなみに、「乱れを感じる表現」のトップは「千円ちょうどからお預かりします」という言い方です。

こうした状況の中で注目したいのは、『問題な日本語』という本の刊行です。この本がどういう点で注目に値するのか、お話ししましょう。

▼『問題な日本語』の刊行

『問題な日本語』(北原保雄［編］)は、二〇〇四年に刊行され、数十万部の売り上げとなりました（その後、『続弾！　問題な日本語　その三』が出ました）。

数年前、私の娘に「電子辞書が欲しい」と言われ、一緒に買いに行きました。購入した電子辞書には『問題な日本語』の一冊目と二冊目がそっくり入っていて、驚きました。思わず、「この電子辞書いいね。パパに貸してよ」と言ってしまいました（私の電子辞書には『問題な日本語』が入っていないのです）。日本語に対する人々の関心が高いということなのでしょう。

この『問題な日本語』シリーズの良いところは、新しい言葉づかいを頭から否定するのではなく、新しい言葉づかいが生まれ、広がっている理由・背景に目を向けていることです。

日本語表現に関する一般向けの本がたくさん出版されていますが、「間違った言葉づかいをしないように気をつけましょう」「美しい日本語を使いましょう」という主張に終始している本が少なくない。そういう主張自体は誤りではありません。しかし、〈なぜ、新たな表現が生じ、広がっているのか〉ということを考えてこそ、言葉の使われ方、変化の仕方がよく見えてくるのです。

『問題な日本語』シリーズでは、五名の日本語研究者が各項目を分担執筆しています。執筆者によって論述内容の質や言語観に多少の違いがありますが、新しい言葉づかいに対して頭ごなしに否定する姿勢をとっていない点では一貫しています。この姿勢は、学問的にも妥当なものですし、一般の人々にも好感を与えると思います。

ただ、『問題な日本語』シリーズに関して少し残念なことがあります（欲張りすぎかもしれませんが）。それは、「問題な日本語」の諸相が整理されていないことです。「問題な日本語」といっても様々な性質のものがあります。

このシリーズでも、一つ一つの言葉づかいごとに、「この言葉づかいは認めてよい」「この言い方は明らかに誤りだ」というように判定しているのですが、全体的な整理がなされていません。そのため、性質の異なるものが「問題な日本語」として一括りにされているような印象を与えかねないように思うのです。そういう印象を持たれてしまっては、執筆者の方々も不本意でしょう。

▼言葉の変化をどう見るか

これから詳しく見ていきますが、いわゆる「問題な日本語」「日本語の乱れ」の中には様々な性質のものがあります。そうだとすれば、それぞれの性質に応じて見方や対処法を変えるべきではないでしょうか。言葉の変化の全面肯定（言葉は変わるものだからという理由で何でも肯定すること）、全面否定（新しい表現は一切受け入れないという姿勢）は意味がないと思うのです。

それでは、「問題な日本語」には、どのような性質のものがあるのでしょうか。これから三種類の「問題な日本語」についてお話しします（この三種類の言葉づかいについては、第2章・第3章・第5章でも詳しく書きます)。

▼「問題な日本語」①――ラ抜き言葉

① やむにやまれぬ理由があって変化が生じ、すでに幅広い世代・地域に広がっている言葉づかい

この①は、言語使用上の大きな不都合を解消する変化です。また、いずれ普通の日本語として定着すると思われるものです。

一例として、「見れる」「来れる」のような「ラ抜き言葉」を考えてみましょう。

なぜ「ラ抜き言葉」と呼ばれているかというと、《見ることができる》《来ることができる》という意味で「見られる」「来られる」と言っていたのを、「見れる」「来れる」というように「ら」を抜いて言うからです。

それでは、どうしてラ抜き言葉が生まれ、広がっているのでしょうか。

例えば、会社で部下が上司に、「課長、明日は朝早くから会議がありますが、何時に会社に来られますか」と言ったとします。この「何時に会社に来られますか」は、「何時に会社にいらっしゃいますか」という意味にもとれますし、「何時に会社に来ることができますか」という意味にもとれます。

部下は「何時に会社にいらっしゃいますか」という意味で言ったのに、上司（課長）は「何時に会社に来ることができますか」という意味で受け取ったとしたら、どうなるでしょうか。単に尊敬表現が可能表現と解されてしまったというだけではありません。

今は変わりつつありますが、伝統的な日本社会では、目上の人に対して〈～することができるか〉という言い方で尋ねることは、あまり好まれません。自分（部下）は丁寧な表現をしたつもりなのに上司に嫌な顔をされた、というようなことがあっては、コミュニケーション上、大きな支障となりますね。この支障を回避しようとして生じたのがラ抜き言葉です。

ラ抜き言葉が現れるのは、「〜することができる／できない」という可能・不可能の意味を表す場合に限られています。「彼女は先生にほめられた」というのは受身表現ですが、これを「彼女は先生にほめれた」とは言いません（今後も、そういう言い方は生じないでしょう）。

現在、ラ抜き言葉は幅広い世代・地域に広がっていますが、ラ抜き言葉を使わない人もいます。しかし、いずれは、「見れる」「来れる」という言い方が普通になって、「何時に来ることができますか」という「可能」の意味で「何時に来られますか」と言うことはなくなるでしょう。

つまり、「何時に来られますか」という表現は、「何時にいらっしゃいますか」という「尊敬」の意味でのみ使われ、そういう意味でのみ受け取られることになるだろうということです（ラ抜き言葉については第2章であらためて取り上げます）。

▼「問題な日本語」②——サ入れ言葉

最近聞かれるようになった「行かさせていただきます」「読まさせていただきます」のような「サ入れ言葉」は、ラ抜き言葉とは少し性質が違います。サ入れ言葉は、次の②の言葉づかいに属するものです。

② 言語使用上の大きな不都合を解消する変化ではないが、それなりの理由・必然性があって生じた言葉づかい

この②は、普通の日本語として定着するか否か、不明です。今後、広がり方を観察していかないと分かりません。

サ入れ言葉は、ラ抜き言葉とは違って、「行かさせていただく」のような言い方をしないとコミュニケーション上困るというわけではありません。しかし、従来、動詞の種類によって「行かせていただく」「やめさせていただく」と言い分けてい

たのを、「〜させていただく」という一つの形に統一したのがサ入れ言葉です。「せていただく」でも「させていただく」でも意味は同じですから、一つの形に統一するほうが経済的なのです（サ入れ言葉については第3章であらためて取り上げます）。

サ入れ言葉との関連で、「いくない」「いかった」という言い方について書くことにします。

「よくない」「よかった」を「いくない」「いかった」と言う人がいます。「いくない」「いかった」という言い方は、どうして生まれたのでしょうか。その理由は、「よい」「いい」という語形が、それぞれ、どういうときに使われるかを考えると分かります。

例えば、「ない」や「た」が後にくるときには「よくない」「よかった」と言う人でも、「この映画は、よいね」とか「よい映画を見たよ」と言うことは少ないでしょう。「この映画は、いいね」「いい映画を見たよ」のように「いい」という形を使うことが多いはずです。

「よい」でも「いい」でも、意味は同じです。同じ意味を表すのなら、二つの形がある必要はないですね。一つの形にするほうがすっきりするし、それで事足りる。そこで、「いい」という形に統一して、「ない」や「た」に続くときでも「いくない」「いかった」と言うわけです。

私の母方の亡き祖母（茨城県北部の生まれ育ち）は、「いくない」「いかった」と言っていました。東京出身の若者の中にも「いくない」「いかった」と言う人がいます。それは、右のような理由によるのです。

「いくない」「いかった」が生まれた理由はサ入れ言葉の場合と同じだ、ということに気づかれたでしょうか。

「書かさせていただく」「行かさせていただく」のようなサ入れ言葉も、同じ意味を表す「せていただく」「させていただく」を一つの形（「させていただく」）に統一することで生まれたのでした。ただし、従来の「書かせていただく」「行かせていただく」という言い方でも、コミュニケーション上の支障があって困るというような切実な問題はありません。

サ入れ言葉と同様に、「いくない」「いかった」も、「よい」「いい」という二つの形が必要ないから一つの形に統一しただけのこと。「よくない」「よかった」という形では困るという、やむにやまれぬ理由による変化ではありません。私の祖母のように「いくない」「いかった」が普通の言い方で、「よくない」「よかった」とは言わない人もいますが、将来の日本語で「いくない」「いかった」が広まって定着するか否かは分かりません。

▼「問題な日本語」③——「気が置けない」の誤用

ラ抜き言葉やサ入れ言葉とは異なるものとして、

③　単なる学習不十分による誤用

があります。「気が置けない」を《油断できない》という意味で使うのが、この③の例です。

本来、「気が置けない」は《遠慮がいらない》《心から打ち解けられる》という意味ですから、《油断できない》という意味で使ったのでは表現内容が正反対です。《あの人は油断できない》という意味で「あの人は気が置けない」と言っても、《あの人は遠慮がいらない》という意味で受け取られることが多いでしょう。また、「気が置けない」を《油断できない》という意味だと思っている人は、誰かが従来の意味で「あの人は気が置けない」と言ったのを正反対の意味で受け取ることになります。

このように、③は、コミュニケーション上の支障となり得ます（この種の誤用については第5章であらためて取り上げます）。

▼「問題な日本語」を一括りにするのは意味がない

以上、三種類の「問題な日本語」について見てきました。これら三種類をまとめておきましょう。

① やむにやまれぬ理由があって変化が生じ、すでに幅広い世代・地域に広がっている言葉づかい

② 言語使用上の大きな不都合を解消する変化ではないが、それなりの理由・必然性があって生じた言葉づかい

③ 単なる学習不十分による誤用

ただし、「問題な日本語」は①〜③だけではありません。「きもい」「きしょい」

などの略語や、「パーティション」「リテラシー」などのカタカナ語についても考える必要があります（「きもい」「きしょい」などの略語については第5章で、カタカナ語については第7章でお話しします）。

このように見てきますと、「問題な日本語」を一括して善し悪しを云々するのはナンセンスだということがお分かりいただけると思います。「問題な日本語」の性質に応じて考える必要があるということです。

国広哲弥氏は、著書『日本語誤用・慣用小辞典』の中で次のように書いています。

世の中には、むかしからの言葉づかいと違うものは何でも誤用だ、乱れだという人たちもいるけれども、言葉はいろいろな理由で必然的に変わって行くものであり、われわれはそれに抗するすべを持たないのであって、過去の用法にとらわれる、かたくなな態度は考えものである。世間全体の言語活動ができるだけ円滑に進むようにするためには、新しい変化には柔軟に対応するだけの余裕が必要である。……誤用はまず大きく二つに分けられる。その一つは若い人たちなど日本語の学習が不十分な人びとが犯すもので、これはぜひ直してもらわなければならない。もう一つは、長い目で見れば言葉の変化の先駆けである場合である。……新しい変化の中にはかなり広く普及してしまって、いくら誤用だ乱れだと叫んでみてもすでに押し留められなくなっているものもある。そのよい例が可能を表わす「来られる・食べられる」などを「来れる・食べれる」と言う場合である。いまでも「来れる・食べれる」と聞くと、勉強の出来ない子のように思ってしまうという人がいるけれども、実際には勉強とか教養とは関係がない。これなど近い将来には正用となるものと思われる。誤用と正用の境界線は明瞭なものではなく、程度問題であり、また時代と共に移って行くものでもある。（三～五ページ）

先の①と②（〈やむにやまれぬ理由があって変化が生じ、すでに幅広い世代・地域に広がっている言葉づかい〉と〈言語使用上の大きな不都合を解消する変化ではないが、それなりの理由・必然性があって生じた言葉づかい〉のように然るべき理由・必然性がある言葉づかいに関しては、その言葉づかいが生じた理由・背景を理解した上で、〈自分には厳しく、人には寛容に〉という姿勢をとっては、いかがでしょうか。〈自分には厳しく〉というのは、ラ抜き言葉やサ入れ言葉などに抵抗感を抱いている人がいるので慎重にするのがよい（少なくとも、そういう人がいることを念頭に置くとよい）ということです。

ただし、〈人には寛容に〉と言っても、無条件に許容してよいということではありません。特に文章中の使用に関しては指導・指摘が必要な場合もあります（公的文書と私信とでは対処法が異なるでしょう）。例えば、ラ抜き言葉やサ入れ言葉がビジネス文書に出てくるのは、現時点では好ましくないと思います。

なお、『朝日小学生新聞』（二〇〇九年五月四日）の「時事問題で合格力アップ」

というコーナーに、小学五年生の作文（四百字詰め原稿用紙一枚）が載せられていました。この作文には、「アナログ放送が見れなくなる」「アナログ放送しか見れないテレビは買いかえなければいけない」というように、「見られない」のラ抜き言葉「見れない」（「見れなく」）が使われていますが、講評・添削をする現代用語検定協会の担当者は、このラ抜き言葉に筆を入れていません。

「気が置けない」を《油断できない》という意味で使うような、③「単なる学習不十分による誤用」に関しては、学校に限らず家庭・職場など様々な場で、十分な教育・指導が必要でしょう。〈自分に厳しく、人にも厳しく〉ということです。こういう誤用を安易に肯定する日本語研究者がいますが、それは妥当ではありません。〈自分に厳しく、人にも厳しく〉と言いましたが、注意すべきは、〈自分には甘く、人には厳しく〉とならないように、ということです。人間は、〈自分には甘く、人には厳しく〉となる傾向があるからです。

自分に厳しくあるための方法として、「日本語検定」の過去問題集（東京書籍）を活用することをお勧めします（「敬語」「語彙・言葉の意味」「文法」「漢字・表記」という領域別の問題集もあります）。一級～六級の過去問題集がありますが、社会人であれば三級の力（正答率七割以上）は身につけているのが望ましいと思います。なお、「日本語検定」は一年に二回行われています。

「日本語検定」でどういう問題が出されているか、見てみましょう。

次の問題は、二〇〇八年の秋に実施された三級の試験の一部です。正答はどれか、考えてみてください。

問一三　**一～三**の見出しに掲げた言葉を最も適切に使っているのはどの文でしょうか。番号で答えてください。

一【いかんせん】

① いかんせんこの雪ではどうにも動きがとれない。
② この相手ならいかんせん勝てるにちがいない。
③ このような事故を起こしてしまい、いかんせんおわび申し上げます。

二【これ見よがしに】

① セールスの秘けつは、商品の良さをこれ見よがしに宣伝することである。
② 彼は、買った新車をこれ見よがしに乗り回している。
③ うちの上司は、これ見よがしに仕事を押し付けてくるからかなわない。

三【失念する】

① 仕事先で担当者の名前を失念してしまい、冷や汗をかいた。

② 小学生のころのことなどは、ずいぶん失念してしまった。

③ あまりの暑さのせいで、失念して倒れてしまった。

（日本語検定委員会『日本語検定公式三級過去問題集　平成二一年度版』七六ページ）

問題の難易度は、いかがでしょうか。簡単だと思った方が少なくないかもしれませんが、どれが正解か、よく分からないという方のために、答えを記しましょう。右の問題の正答は、「一　【いかんせん】」が①、「二　【これ見よがしに】」が②、「三　【失念する】」が①です。過去問題集の解説は、懇切丁寧に書かれています。ぜひ御覧になってみてください。

▼「問題な日本語」という言い方について

この章の冒頭に、〈じつは、「問題な日本語」という言い方自体が問題なのだ〉と書きました。どうして問題なのでしょうか。

「問題な○○」という言い方は、「問題だ」という言葉を、「静かだ」や「立派だ」と同じように一語として捉えたときに生じます。「静かな部屋」「立派な人」と言うように、「問題な日本語」と言うわけです。

しかし、じつは、「問題だ」は、「問題」＋「だ」で、二つの言葉からできています。「これが今後の課題だ」といった表現の「課題だ」と同じです。「課題だ」も、「課題」＋「だ」と二つの言葉が合わさったもの。こういう場合、「課題な○○」という言い方はしません。だから、本来的には、「問題な○○」という言い方はありません（ありませんでした）。

ここで一つの疑問が生じるかもしれません。「静かだ」「立派だ」は、「静か」＋「だ」、「立派」＋「だ」ではないのか、という疑問です。

確かに、表面的な形は、「静かだ」「立派だ」も「○○だ」ですから、「問題だ」「課題だ」と違いがないように見えます。しかし、「静かだ」「立派だ」と「問題だ」

「課題だ」との間には、やはり違いがあります。どういう違いでしょうか。「君の問題だ」「課題だ」の場合は、「問題」「課題」を「だ」から切り離して、「問題は夜ふかしをすることです」「君の課題は早起きをすることです」「問題（課題）がどこにあるかを考えなさい」のように言うことができますね。

これに対して、「静かだ」「立派だ」は、「静か」「立派」を「だ」から切り離して、「静かは良いことです」「君の立派は思いやりがあることです」とか「静かが好きです」「立派が良い」などと言うことができません。こういうときは、「静かだ」「立派だ」を語形変化させた「静かな」「立派な」という形を使って、「静かなのは良いことです」「君が立派なのは思いやりがあることです」「静かなのが好きです」「立派なのが良い」のように言います。

「静かだ」「立派だ」と「問題だ」「課題だ」の違いがお分かりいただけたでしょうか。「静かだ」「立派だ」は一語であり、「問題だ」「課題だ」は二つの言葉からできている（「問題＋だ」「課題＋だ」）のです。

それでは、「問題な○○」という言い方が生じたのは、なぜでしょうか。先ほど、〈「問題だ」が「静かだ」や「立派だ」と同じように一語として捉えられたときに、「問題な○○」という言い方になる〉と書きましたが、どうして「問題だ」が一語として考えられたのでしょうか。

もちろん、「問題だ」が、「静かだ」や「立派だ」と同じ形（「○○だ」という形）をしていることもあります。しかし、それだけではありません。

「問題だ」は、《問題を含んでいる》という意味で使われることがあります。「彼の性格は問題だ」のような場合です。こういう意味で使われる「問題だ」は、「歩きタバコをどうするかが問題だ」などと言うときの「問題だ」とは少し違います。「歩きタバコをどうするかが問題だ」の「問題だ」は、《考えるべき事柄だ》という意味です。一方、「彼の性格は問題だ」のような「問題だ」は、〈あり方〉を表しているという点で、「静かだ」「立派だ」と同じです。「彼の性格は問題だ」というのは、《彼の性格は、問題を含んでいるというあり方をしている》という意味です。

このように形（「○○だ」）も意味（〈あり方〉を表す）も同じだとすれば、右のような場合の「問題だ」が、「問題」＋「だ」としてではなく、「静かだ」「立派だ」と同じく一語であると考えられても無理はありません。「静かだ」「立派だ」のような言葉を形容動詞あるいはナ形容詞と呼びますが、「問題だ」という形容動詞（ナ形容詞）が誕生したと言ってもよいくらいです。

形容動詞「問題だ」を認めるなら、「問題だ」という同じ形をしていても、「歩きタバコをどうするかが問題だ」のように「問題」＋「だ」と分けて考えるべき場合と、「彼の性格は問題だ」のように「問題だ」を一語として見るべき場合がある、ということになります。

以上のように見てきますと、「問題な○○」という表現は、結局のところ、何の問題もないように思えるかもしれません。しかし、なにしろ生まれて間もない言い方なので、違和感や抵抗感を抱く人たちがいるのです。

なお、「問題の人がやってきた」のような言い方があります（これは「普通の日本語」で、「問題」＋「の」＋「○○」という構成です）。こういう「問題の」は、《話題になっている》《注目されている》といった意味です。「問題な」と意味が違うことにお気づきでしょうか。「問題の人がやってきた」というのは《話題になっている人がやってきた》ということです（良い意味で話題になっているとは限りません）。一方、「問題な人がやってきた」と言えば（これは、まだ定着した言い方ではありませんが）、《問題を含んでいる人がやってきた》ということです。

この章では、いわゆる「問題な日本語」について総論的にお話ししました。

言葉は、時とともに変化します。また、人によって言語観も言葉の使い方も違います。そのため、いわゆる「正しい日本語」を使う人たちと「問題な日本語」を使う人たちの間で気持ちが通じ合わない、コミュニケーションがぎくしゃくするということが起こり得ます。こういう問題をどうしたらよいのか、ということを本章で考えたわけです。

言葉の変化の全面肯定・全面否定ではなく、それぞれの言葉づかいの性質に応じて見方や対処の仕方を変えるのがよい。これが私の考えです。

次の章では、もう「言葉の乱れ」とは言えない言葉づかい——ラ抜き言葉と「おられる」——についてお話しします。

2 ラ抜き言葉と「おられる」の特徴

第1章では、「日本語の乱れ」とされている言葉づかいを、大きく次の三種類に分けました。

① やむにやまれぬ理由があって変化が生じ、すでに幅広い世代・地域に広がっている言葉づかい

② 言語使用上の大きな不都合を解消する変化ではないが、それなりの理由・必然性があって生じた言葉づかい

③ 単なる学習不十分による誤用

本章では、ラ抜き言葉と「おられる」を例として、右の①について詳しくお話しします。

▼ラ抜き言葉

まず取り上げるのは、「見れる」「来れる」のようなラ抜き言葉です。

第1章でも書いたように、《見ることができる》《来ることができる》という意味で従来「見られる」「来られる」と言っていたのを、「見れる」「来れる」と「ら」を抜いて言うので、ラ抜き言葉と呼ばれています。

ラ抜き言葉の是非については、「認めてよい」とする肯定派と「認められない」と考える否定派に分かれますが、この言葉づかいが幅広い世代・地域に広がっていることは、肯定派も否定派も認めるでしょう。

それでは、ラ抜き言葉を肯定する理由、否定する理由は、それぞれどういうことなのでしょうか。

▼国語審議会の審議経過報告と、「有識者」の反応

一九九五年に出された国語審議会（第二〇期）の審議経過報告でラ抜き言葉の問題が扱われていて、話題になったことがあります（この審議経過報告では、ラ抜き言葉以外の諸問題についても取り上げられていたのですが、世間で話題になったのはラ抜き言葉でした）。

国語審議会の見解は、「共通語においては改まった場での「ら抜き言葉」の使用は現時点では認知しかねるとすべきであろう」というものでした。「認知しかねるとすべきであろう」というのは、はっきり言えば、改まった場ではラ抜き言葉を「使うべきではない」ということです。

国語審議会が右のような見方をとった理由の一つは、文化庁が実施した「平成七

年度　国語に関する世論調査」（一九九五年四月の調査）において、ラ抜きでない形（「食べられる」「来られる」「考えられる」という形）を使うと回答した人が七割以上いた（世代による差はあるが、平均すると七一・六％）、ということです。

なお、こういうアンケート結果をどう捉えるかということについては注意が必要です。自分の言葉づかいについての内省（自分がどういう言葉づかいをしていると思うかということ）と、その人の実際の言葉づかいとは、必ずしも一致しないからです。この不一致は、言語感覚が鋭い人の場合でも起きます。日本語研究者として多くの優れた業績を持つ井上史雄氏は、次のようなエピソードを書いています。

筆者はラ抜きことばを使っていないつもりだった。相手につられて「見れる」と言いそうになっても、mir-のあたりでなんとか切り替えて areru を付けてごまかしていた。ところが、同僚が研究データとして録画した自分の講義のビデオテープをあとで見たら、なんと自分でも使っていた。講義のときは次に何をどう話すかを考えながらしゃべるので、自分の使っていることばのモニターが十分でなくなるらしい。「見れる」とはっきり言っていて、すっかり自信をなくした。そういえば、方言や俗語について意識調査で、自分で使っているのに、「使いますか」と問いただされると「使わない」と答える人がいる。方言調査で「のう」と言うかどうか聞かれて「「のう」なんて言わんのう」と答えるたぐいである。自分も同類とは思ってもみなかった。

（『日本語ウォッチング』三〇〜三一ページ）

さて、上記の審議経過報告の内容について、『毎日新聞』『朝日新聞』『読売新聞』に掲載された著名人のコメント（の一部）を見てみましょう。

江國滋氏（随筆家）

審議会の考えは妥当だと思う。言葉は時代とともに変わっていくもので歯止めはかけられないだろうが、せめて公的な場では使うべきではない。不愉快で、一昔前はめくじらを立てていたが、今はあきらめましたよ。審議会がもっと早く審議して結論を出してくれたらと思いますよ。

（『毎日新聞』一九九五年一一月九日、朝刊二六面）

林真理子氏（作家）

少なくとも、私のまわりの人たちは「食べられる」ではなく「食べれる」と使う。会話や言葉のテンポが速くなっている時代に「ら」を入れると間のびする。国語審議会が「公式の場ではだめ」と言っても「ら」はどんどん抜かされる運命にあるのではないですか。

（『朝日新聞』一九九五年一〇月三一日、夕刊一八面）

山根一眞氏（作家）

個人的には話し言葉でも「ら抜き」は使いたくないが、それが一般化していくのはどうしようもない。背景には情報化社会の急速な進展があり、あふれ返る情報の中でだれもが早口で話す時代になったためではないか。審議会がスタンダードを作ることは必要だと思うが、現実は何も変わらないと思う。

（『読売新聞』一九九五年一一月九日、朝刊三五面）

ラ抜き言葉を否定する江國氏のコメントは、個人的な感覚を述べたもので、それはそれでよいのですが、一般的な問題としてラ抜き言葉をどう見たらよいかということは、個人的な感覚とは別に考える必要があるでしょう。

それでは、ラ抜き言葉を肯定する林氏・山根氏の意見は妥当でしょうか。両氏の意見は、ほぼ同じ内容です。要するに、「見られる」「来られる」のように「ら」を入れて話すとスピーディーでなくなるのでラ抜きになる、という見方です。

林氏・山根氏のような、「有識者」と呼ばれる方のコメントが、『朝日新聞』『読売新聞』という大新聞に掲載され、両者のコメントが同じような内容であるという場合、私たちは、その内容をその通りだと考えてよいでしょうか。答えは「NO」

です。「NO」だというのは、そのコメントの内容を否定せよということではありません。どういう大家が、どういう場で、どういうことを言っても、それを鵜呑《うの》みにしてはならないということです。いつもクリティカル（critical）に考えることが大切です。

ここで「クリティカル」と言うのは、「批判的」ということとは少し違います。日本語で（日常語として）「批判的」と言うと、「問題点を指摘する」というイメージが強いと思います。国語辞典で「批判」の項を引くと、「否定的内容のものをいう場合が多い」（『広辞苑』第六版）、「特に、物事の誤りや欠点を指摘し、否定的に評価・判定すること」（『明鏡国語辞典』）という記述があります。しかし、ここで言う「クリティカル」とは、物事の妥当性を慎重に検討するということです。

「見られる」「来られる」のように「ら」を入れて話すと会話がスピーディーでなくなるからラ抜きになるという林氏・山根氏の見方をクリティカルに検討してみま

しょう。

「られる」が次の四つの意味で使われることは、よく知られていて、学校でも教えられています。

① 太郎は、よく先生にほめられる。……受身（誰かに何かをされるということ）

② 山田さんは、関西出身だが、納豆が食べられる。……可能（「〜することができる」ということ）

③ この数日で急に寒くなったように感じられる。……自発（あることが自然に起きるということ）

④ 明日は課長が出張から帰って来られる。……尊敬（軽い敬意を表すこと）

①〜④のうちラ抜き言葉になるのは、②の「可能」を表す場合に限られます。

「られる」が「受身」「自発」「尊敬」を表す場合には、「太郎は、よく先生にほめれる。」「この数日で急に寒くなったように感じれる。」「明日は課長が出張から帰って来れる。」とは言いません。

「明日は課長が出張から帰って来れる。」と言うこともあるのではないかと思われるかもしれません。しかし、「明日は課長が出張から帰って来れる。」と言うと、「帰って来ることができる」という「可能」の意味になります。「尊敬」を表す「られる」はラ抜きにならないのです。

ラ抜きになるのが「可能」用法の場合だけであることを考えますと、先に見た林氏・山根氏のコメント（「会話や言葉のテンポが速くなっている時代に「ら」を入れると間のびする」「背景には情報化社会の急速な進展があり、あふれ返る情報の中でだれもが早口で話す時代になったためではないか」）の説得力は薄れてきます。なぜなら、スピーディーに話す時代だからラ抜きになるのであれば、「られる」が

「受身」「自発」「尊敬」を表す場合もラ抜きになってよいはずだからです。

▼なぜラ抜き言葉が生まれたのか

それでは、「可能」を表す「られる」の場合だけラ抜きになるのは、なぜでしょうか。

次の例を見てください。

（部下が上司に対して）課長、明日は朝早くから会議がありますが、何時に会社に来られますか。

この「来られますか」の「られる」は、①受身、②可能、③自発、④尊敬という四つの意味のうち、二つの意味で解釈できます。どれとどれでしょうか。

答えは「可能」と「尊敬」です。「可能」であれば、「何時に来られますか」は「何時に来ることができますか」という意味になります。「尊敬」だと「何時にいらっしゃいますか」という意味です（ただし、「いらっしゃる」よりは軽い敬意です）。

このように二通りの意味で解釈できると何か不都合なことがあるのでしょうか。答えは「ＹＥＳ」です。では、どのように不都合なのでしょうか。それは、次のようなことです。

「何時に会社に来られますか」と尋ねた部下は、敬意を添えるために（「尊敬」の意味で）「られる」を使ったとします。しかし、上司（課長）が、この「何時に会社に来られますか」という表現を、「何時に会社に来ることができますか」という「可能」の意味で受け取ったら、どうなるでしょうか。ここで不都合が生じます。その不都合とは、単に、話し手（部下）の意図と聞き手（上司）の解釈とが食い違ったということだけではありません。

今は変わりつつありますが、伝統的な日本社会において、目上の人に対して「〜できますか」というような言い方で尋ねることは、あまり好ましくないとされてきました。そうだとすると、部下は敬意を込めて「来られますか」と言ったのに、上司は「来ることができますか」と尋ねられているのだと思って、かちんとくるということになりかねません。こういう事態は、コミュニケーションをする上で大きな支障となります。

そこで、可能表現だけに用いられる形（ラ抜き形）を作って、右のような場合に「来られますか」と言えば「尊敬」の意味であり、「可能」を表すときには「来れますか」とラ抜き形で言う、という使い分けをするようになったのです。

▼「ラ抜き」は、じつは「ar（アル）抜き」

なお、参考までにお話ししますと、「見れる」「来れる」のような表現は、じつは、「ラ抜き言葉」と呼ぶよりも「ar（アル）抜き言葉」とするほうがよいのです（このことは、井上史雄氏が『日本語ウォッチング』の第I章で書いています）。「ar

抜き」のほうが、「書く」「読む」などの動詞が可能を表すときの形の歴史的変化も含めて統一的に説明できるからです。どういうことか、具体的に説明しましょう。

「書く」「読む」の可能形は、現在、「書ける」「読める」です。しかし、古くは、「書く」「読む」に「れる」を付けて、「書かれる」「読まれる」と言いました（今でも、関西方言で「よう書かれへん」「よう読まれへん」のように言いますし、東京でも、《行くことができる》という意味で「行かれる」と言っている人がいます）。

この「書かれる」「読まれる」という形が「書ける」「読める」になったのですが、形がどう変わったのか、簡易的な発音表記で見てみましょう。

kakareru（書かれる）→ kakeru（書ける）

yomareru（読まれる）→ yomeru（読める）

上の形（kakareru、yomareru）と下の形（kakeru、yomeru）を比べて見ると、上の形から下の形になるときに「ar」が抜けていることが分かります（kakareru → kakeru、yomareru → yomeru）。

じつは、ラ抜き言葉も、右の「書く」「読む」の場合と同様なのです。

mirareru（見られる）→ mireru（見れる）
korareru（来られる）→ koreru（来れる）

従来の形（mirareru、korareru）が新しい形（mireru、koreru）になるにあたって、「ar」が抜けています。仮名で書くと、「見られる→見れる」「来られる→来れる」と「ら」が抜けているように見えますが、右で示したように「ar」が脱落していると考えるほうが、「書く」「読む」のような動詞の可能形の歴史的変化とあわせて、可能を表すときの形の変化が統一的に説明できます。こういうわけで、「見れる」「来れる」などを「ラ抜き言葉」と呼ぶよりも、「ar（アル）抜き言葉」としたほうがよいのです。

右の「ar抜き」の話は、どうして「見れる」「来れる」といった言い方が生まれ、広がっているのかということと直接的な関係はありませんが、面白い内容なのでご紹介しました。

▼ラ抜き言葉は心の乱れにつながるか

学会出張で京都に行った折、ホテルで『京都新聞』(二〇〇九年八月二七日、朝刊)を読んでいたところ、一通の投書が目に入りました。その投書者は、ラ抜き言葉を例に出して、小学校・中学校の国語教育を批判し、言葉の乱れは心の乱れに通じると書いていていました。

私の知人(教員)が勤めている中高一貫校では、生徒にラ抜き言葉を使わせないようにしているそうです。生徒がラ抜き言葉を発すると、「ラ抜き言葉を使わないようにしましょう」と注意するというのです。世の中には、右の投書者のようにラ抜き言葉に対して抵抗感を抱いている人たちがいますから、生徒のことを思う親心で、ラ抜き言葉を使わないように指導しているのでしょう。こういう指導は他の学校でも行われているかもしれません。

この章で書いたように、ラ抜き言葉は、れっきとした言語変化であり、心の乱れに通じるような「言葉の乱れ」ではありません。このことを生徒に伝えた上で、「ラ抜き言葉に抵抗感を抱いている人たちもいるから、ラ抜き言葉をむやみに使わないように気をつけましょうね」と言うのなら、立派な言語教育です。しかし、「ラ抜き言葉は良くない言い方だから、使わないようにしましょう」などと言うのであれば、大間違いです。

確かに、心の乱れに通じる（あるいは、心の乱れを反映している）言葉の乱れもあります。母親のことを「くそばばあ」と言うようなのは、その例です。そういう言葉の乱れとラ抜き言葉とは、性質が全く違います。

▼「られる」が表す意味について

先ほど、「られる」には「受身」「可能」「自発」「尊敬」という四つの意味があると書きました。「られる」（あるいは「れる」）という一つの言葉がこのように様々な意味を表すのは、なぜでしょうか。

その理由について説明する前に、それぞれの意味の中身を少し詳しく見ておきましょう。

「受身」とは、「彼女は、よく先生にほめられる」「彼は、幼い頃、両親に死なれた」のように、誰かが誰かの行為や変化によって影響を受けることを表します。「彼女は、よく先生にほめられる」というのは、「先生」の「ほめる」という行為が「彼女」に向かってなされ、「彼女」がそれを身に受けているわけです。このような受身は直接受身と呼ばれています。

一方、「彼は、幼い頃、両親に死なれた」というのは、「両親」が「彼」に向かって何かをしたのではありません。両親の死によって「彼」が影響を受けたことが表されているのです。こういう受身は間接受身と呼ばれています。

直接受身にせよ間接受身にせよ、誰かが誰かの行為や変化によって影響を受けることを表している点では同じです。

それでは、「きれいな花が食卓に飾られている」のような場合は、「受身」と言ってよいでしょうか。

この文では、「きれいな花」がどういう状態にあるのかということが表されています。こういう場合も「受身」に含めるのが一般的ですが、じつは、「きれいな花」のように人でないものが受身文（「受身」を表す文）の主語になることは、あまり多くないのです（特に、古い日本語では、ほとんどありませんでした）。意味の面から見ても、「きれいな花が食卓に飾られている」という表現は、「きれいな花」が（人の行為によって）影響を受けていると言いにくい。

そこで、文法学者の尾上圭介氏は、このような「られる」を「受身」とは区別して「発生状況描写」と呼んでいます（「ラレル文の多義性と主語」『月刊言語』三二巻四号）。何が起きているのかを言葉で描写するときに「られる」が使われることがあるということです。

「可能」を表す「られる」は、「あの人は、関西出身なのに納豆が食べられる」「私は、夜遅くまで起きていられない」のように、「何かをしようと思えばできる」とか「何かをしようと思ってもできない」ということを表すときに使われます。

なお、「苦手だったイクラが食べられた」のように「何かをすることができた」ということを表す場合も「可能」と言われるのが普通です。しかし、尾上氏は、「苦手だったイクラが食べられた」のようなものを、「可能」ではなく「意図成就」と呼んでいます。少し難しい話になりますが、尾上氏は、「可能（不可能）」の意味を、事態生起の許容性があるか否かを表すものとして規定するので、「苦手だったイクラが食べられた」のような場合の「られる」は「可能」とは違うということになります。

「やろうとしてその行為が実現した」という場合は、事態成就の許容性がその状況の中にあったか否かを意識するということは、通常ありにくい。……ある行為を意図してそれが実現した場合は、可能という意味を意識しないのがふつうのあり方であろう。その意味で、「やってみたらできた」という現実界成立の場合は通常の可能表現とは大いに異なると言わなければならない。

（「文法を考える　6　出来文（2）」『日本語学』一七巻一〇号、九五ページ）

「自発」は、「自然発生」ということです。「私には、そう感じられる」と言えば、「そう感じようとしなくても、自然に、そういう感覚が生じる」という意味です。古い日本語では、「自発」の意味で「る」「らる」（「れる」「られる」の古い形）が使われることがたくさんありました。しかし、今は、「れる」「られる」が「自発」

を表すことは少なくなっています。例えば、自然に独り言が口から出てくるという場合、昔は、「ひとりごたる」（「ひとりごつ」＋「る」）という言い方がありましたが、今は、「独り言が言われる」のように言うことは、まずないでしょう（方言では、そういう言い方があるかもしれませんが）。

「れる」「られる」が「尊敬」の意味を表すことがあるというのは、分かりやすいと思います。「これから、どちらに行かれますか」のような使い方です。右の「行かれる」を「いらっしゃる」「おいでになる」と比べると分かりますが、「れる」「られる」は軽い敬意を表します。「先生が一般向けの本を書かれた」のような場合も同じで、「先生が一般向けの本をお書きになった」と「お〜になる」を使う表現よりは敬意が軽くなります。

▼「られる」は「出来（しゅったい）」表現

以上、「受身」「可能」「自発」「尊敬」という「られる」の四つの意味について見てきました（また、「発生状況描写」「意図成就」についてもお話ししました）。これらの意味は、互いにかなり違っています。このように様々な意味が「られる」という一つの形で表されるのは、どうしてか。こういう問題を考えるところに言葉の研究の面白さがあります。と言っても、一見別々のように見える物事同士がどうつながっているのかを考えることの楽しさは、言葉の研究だけではなく、学問全般に当てはまることでしょう。

尾上圭介氏は、「られる」の様々な意味を「出来《しゅったい》」という概念をもとに説明しています。「出来」とは、ある場において出来事が発生するということです。「出来」とすぐに結びつくのが「自発」でしょう。「自発」は、出来事が自然に発生することを表すからです。

この「自発」の隣にあるのが「可能」「意図成就」です。「何かをしようと思えばできる」「何かをしようと思ってもできない」というのは、「何かをしようと思えば、そのことが起きる」とか「何かをしようと思っても、そのことが起きない」ということです。「何かをすることができた」というのも、何らかの出来事が発生したことを表します。

「受身」に関しては、どうでしょうか。「彼女は、よく先生にほめられる」というのは、「彼女」の身の上に、「先生が（彼女を）ほめる」という出来事がしばしば起きる、という表現です。「彼は、幼い頃、両親に死なれた」というのも、「彼」の身の上に、幼い頃「両親が死ぬ」という出来事が起きた、ということです。

「きれいな花が食卓に飾られている」のような「発生状況描写」の場合も、やはり「出来」の表現です。「きれいな花が食卓に飾られている」というのは、「きれいな花」において、「（人がそれを）食卓に飾る」ということが発生している、という意味です。

　それでは、「出来」と「尊敬」は、どう結びつくのでしょうか。「出来」の表現が「尊敬」を表すのは、「誰かが何かをする」「誰かがどうなる」ということを、「誰かの身の上に何かが起きる」という言い方で間接的に表現するからです。

　間接的な言い方にすることで丁寧度が上がることは、よく知られています。例えば、学生が、閉めるべきドアを閉めないで教室に入ってきたとしましょう。それを見て、「ドアを閉めてください」と要求内容をそのまま言葉にするより、「ドアが開いていますよ」と間接的に表現するほうが丁寧な言い方です。間接的な言い方と敬意表現とは、つながっています（もちろん、間接的表現が常に敬意を表すために使われるわけではありません）。

　右のように、「られる」は、本質的に「出来」の表現であると言えます。「出来」の表現が、「自発」「可能」「受身」「尊敬」など様々な意味を表すのに使われているわけです。

▼「おられる」

「おられる」を、「資料をお持ちでない方、おられますか」のように尊敬表現として使うのは間違いだと言う人がいます。例えば、大野晋《すすむ》氏は、約二百万部の大ベストセラーになった『日本語練習帳』の中で次のように書いています。

「会社におります」のオルは、もともと「低い姿勢で座っている」ということです。それは卑下《ひげ》の意をふくんだ動作でした。だから「田中さんおりますか」とは、相手の田中さんが卑下してそこにいますかと聞くことになり、誤りです。「田中さんおられますか」「先生が授業しておられた」も変なのです。卑下の形とレ（尊敬の助動詞ルの活用形）の組み合わせは不調和です。「田中さんいらっしゃいますか」「先生が授業しておいででした」などが正し

い形です。　　　　　　　　　　　　（一八九ページ）

しかし、「おられる」は、「いる」の尊敬表現として、幅広い世代・地域で使われています。これは、なぜでしょうか。

▼高い敬意と軽い敬意

食器の収集が趣味だという人がいます。ロイヤルコペンハーゲンの食器のように高価なものがあってもよいのですが、そういう食器ばかりだと、「丁寧に扱わなければならない」「割ってしまわないか」などと気をつかうことになるでしょう。高価な食器とは別に、使い勝手がよく、気に入ったデザインの、値段も手頃な食器が欲しいということがあるのではないでしょうか。

言葉も同じです。「いらっしゃる」「おいでになる」は、高い敬意を表す言葉です。そういう敬語を使わなければならない場合もあるでしょう。しかし、「そんな高い敬意の言葉を使ったのでは大袈裟だ。より軽い敬意を表す言葉で話したい」ということもある。そういうとき、日本語では、動詞に「れる」「られる」を付けて、「行かれる」「来られる」のように言います。「課長、これからどちらに行かれますか」と言うと、意味は、「課長、これからどちらにいらっしゃいますか」ということですが、「いらっしゃいますか」よりも敬意は軽い。

「いらっしゃる」「おいでになる」は、「行く」「来る」「いる」の尊敬表現です。「どこに行きますか」という意味で「どちらにいらっしゃいますか（おいでになりますか）」と言い、「どこから来ましたか」という意味で「どちらからいらっしゃいましたか（おいでになりましたか）」と言います。また、「どこにいますか」という意味で「どちらにいらっしゃいますか（おいでになりますか）」と言います。

そして、「行く」「来る」の軽い尊敬表現が、「れる」「られる」を付けた「行かれる」「来られる」です。そうすると、「いる」の軽い尊敬表現は、「いる」に「られる」を付けた「いられる」だということになります。しかし、実際には、「いられる」ではなく「おられる」を使うことが多い。これは、どうしてでしょうか。

▼「おられる」が広まった理由

もし、誰かから突然、「このまま、ここにいられますか」と言われたら、どういう意味で受け取るでしょうか。「このまま、ここにいることができますか」という意味だと思わないでしょうか。「いられる」を「いる」の軽い尊敬表現として使うと、こういう問題が起きます。尊敬表現として言ったつもりなのに、可能表現として受け取られかねないのです。

ここで、先ほどのラ抜き言葉の話を思い出してください。「課長、明日は朝早くから会議がありますが、何時に会社に来られますか」のように、尊敬表現なのか可能表現なのか紛らわしい場合があります。だから、「来れる」という可能表現専用の形が作られたのでした。このような可能表現専用の形が作られると、「来られる」と言えば尊敬表現で、可能表現のときは「来れる」を使う、というように役割が分担され、混乱がなくなります。

そうであるなら、「いられる」の場合も、可能表現専用のラ抜き形を作れば何の問題もないように見えるかもしれません。しかし、「いられる」の場合は、うまく行かないのです。どうしてかというと、「いられる」をラ抜き（より正確には「ar抜き」）にすると「いれる」という形になり、「入れる」という別の動詞と同じ語形になってしまうからです。「ここにいることができますか」という意味で「ここにいれますか」と言っても、「何を入れるんですか」と答えられてしまうようでは、コミュニケーションがスムーズにいきませんね。可能専用の形を作って尊敬表現と紛らわしくならないようにしようとしても、今度は、別の動詞と紛らわしくなってしまうという不都合が生じるのです。そこで登場したのが、「いる」と同様に存在を表す「おる」です。

▼「おる」が謙譲語だというのは地域限定の話

「おる」は、自分あるいは自分側の人間が「いる」ということをへりくだって表現する言葉だと言われています。へりくだって表現する言葉を「謙譲語」と言います。

例えば、目上の人に対して、「この間はおいしいお菓子をもらって、有難うございました」と言うより、「この間はおいしいお菓子をいただいて、有難うございました」と言うほうが丁寧です。どうして丁寧な言い方になるかというと、「いただく」という謙譲語を使って、お菓子を受け取ったことをへりくだって表現することで、相手（お菓子をくれた目上の人）への敬意を表すからです。

「おる」が謙譲語だという見方に立てば、「おられる」は、謙譲語「おる」と尊敬を表す「れる」が組み合わされた、おかしな言い方だということになるでしょう。

その感覚は、よく分かります。

しかし、関西の言葉では「おる」は謙譲語ではありません。関西では、「人がいる」ということを「人がおる」と言います。そのとき、「おる」に、「低めている」というニュアンスはありません。「おる」を謙譲語として使っていない地域の人々にとっては、「おられる」は全く問題のない表現なのです。

日本語というと、NHKのアナウンサーがテレビやラジオの放送で話しているような言葉を思い浮かべる人がいるでしょう。それはそれでよいのですが、一口に日本語といっても、様々な日本語があるという事実を念頭に置くことが大切です。「日本語は、雨と飴をアクセントで区別します」「日本語の母音は五つです」などと言われる（あるいは、便宜的にそう言う）ことがありますが、日本語でも、地域によっては、雨と飴をアクセントで区別しないこともありますし、五母音でないこともあります。自分にとって「おる」が謙譲語であっても、それが他の人にも当てはまるわけでは必ずしもないのです。

▼謙譲語の丁寧語化

また、全国的な現象として、謙譲語が丁寧語のように使われつつあります。つまり、自分や自分側の人間のことを低めて表現する言葉が、何かを丁寧に表現するときの言い方になってきているのです（この言語変化については、井上史雄氏が『敬語はこわくない』の中で詳しく書いています）。

例えば、「まいる」という言葉は、謙譲語として、「私、これから打ち合わせにまいります」というように使われていました。しかし、目上の人と出かけるときに、「では、部長、まいりましょう」というふうに使われるようになってきています。「まいりましょう」の「まいる」は、「行く」ということを丁寧に表現しようとしているのです。

「おる」が「いる」の謙譲語として使われていた地域で「おる」を丁寧語として意識すると、「おられる」は不自然だと感じられなくなります。「いる」ということを丁寧に表現するのが「おる」だとすれば、尊敬を表す「れる」と組み合わせて「おられる」と言っても、「おる」と「れる」の間に矛盾は生じないわけです。

▼言葉の変化についての理解と自分の言葉づかい

この章では、「日本語の乱れ」とされている言葉づかいのうち、少なくとも話し言葉ではもう認めてよいと思われる表現についてお話ししました。

「見れる」「来れる」のようなラ抜き言葉は、「明日、何時に来られますか」のように尊敬表現と可能表現とが紛らわしい場合があるため、それを避ける目的で作られた可能表現専用の形なのでした。

また、「おられる」は、「いられる」が尊敬表現として使いにくいこと、「いる」

を「おる」と言う地域があること、そして、全国的に謙譲語の丁寧語化が進んでいることがあいまって、広く使用されています。

ラ抜き言葉にしても「おられる」にしても、ラ抜きでない形（「見られる」「来られる」など）、「いられる」という形ではコミュニケーション上の支障が生じるために、ラ抜きになったり「おられる」という表現になったりしています。だから、幅広い世代・地域で使われているのですね。こういう言語変化に対して目くじらを立てても、あまり意味がないでしょう。

ただ、ラ抜き言葉や「おられる」を使っていない人が、これから無理にラ抜き言葉や「おられる」を使う必要は、全くありません。

以前、社会人向けの講座で、ラ抜き言葉について話したことがあります。なぜラ抜き言葉が広まっているのかを説明したところ、一人の受講者が「なるほど！」と膝《ひざ》を打って、「私は、今までラ抜き言葉を使わないようにしてきましたが、これからは、どんどん使うことにします！」とおっしゃいました。私は、「ちょっと待ってください。私の話は、ラ抜き言葉を使いましょうということではありませんよ。世の中にはラ抜き言葉が嫌いだという人もいますし、御自分の言葉づかいは慎重にお決めになるのがよろしいのではないでしょうか」とお話ししました。

言語変化のあり方を理解することと、自分が言葉をどう使うかということとは、別のことです。言語変化は言語変化として冷静に見た上で、自分の言葉の使い方は自分なりに考えて選択してください。もっともな理由がある言葉づかいだとしても、「自分は、そういう言い方はしない」という選択だってあるのです。ただ、自分がラ抜き言葉を使わないからといって、ラ抜き言葉で話す人を見下げてはいけません。これだけは気をつけましょう。

このあたりでコーヒーブレークにしましょう。「身を粉にする」は何と読むので

しょうか。「分かりきったことを書くな!」と思った方も、まあお付き合いくださ
い。「なるほどね」と納得していただけると思います。

＊＊＊コーヒーブレーク

「身を粉にする」

――「身をこにする」か「身をこなにする」か

山田俊雄氏の著書『ことば散策』を読んでいたら、次のような文章がありました。少し長くなりますが引用します。

一九九四年の秋深くなって、いわゆる政界が離合集散を重ねて、ある新党派が党首を選挙した。推された新党首の、就任の挨拶というものを、ほんの僅かだけ、ＴＶのニュースの時間に、私は小耳に挟んだ。

私は皆さんの先登に立って（竹林注…「先登」は誤字ではない）、身をこなにして、丸々党の発足にあたりまして、努力するつもりであります（「丸々党」というのは永井荷風の常套の手をまねて記してみた）

一度聴いたのを文字にしてみると、行文がやや変だったので、次のニュースの時に再び聞いてみた。しかしほぼ右のようなことだったから、大した誤伝はないものとして

> 紹介するが、私が指摘したいのは「身をこなにして、」という一句のみである。新党首としての抱負（この用語も漢籍出自のものだが）を語りつつ、いわば「不惜身命」と相似たことを述べたものに違いない。しかしこの六十までは少々間のあると見える、その人の言としては、私の耳には異様に新しいものときこえた。というのは、そのニュースの直後に映ったアニメーションの物語の中の人物が、
>
> 　私は身を粉《こ》にしても、この地球を救うために働きます！
>
> というような決意を述べるところに出逢ったので、私は、ゆくりなくも、新党首議員の先の一句に、もう一度戻ってみることをせざるを得なかったのである。……「身をこなにして」は如何にも、無造作で貪着《とんじゃく》のない言い方である。（六九〜七一ページ）

「身をこなにする」という言い方について、山田俊雄氏は「如何にも、無造作で貪着のない言い方である」と書いています。山田氏が個人的にそういう見方を持つことは全く問題ありません。しかし、どうして「身をこなにする」という言い方が発生したのかを考えないと、言葉についての理解は不十分なままにとどまってしまいます。

「身をこなにする」は、単なる学習不十分に起因するものでしょうか。私は、そう考えま

せん。

「あっ、こが落ちてる」と誰かが言ったとします。何が落ちているということなのか、聞き手は即座に分かるでしょうか。

「粉」が「こ」と発音されるのは、「小麦粉」「カレー粉」「歯磨き粉」のように、「粉」の前に別の言葉（「小麦」「カレー」「歯磨き」など）が付いて一語になるときです。

「〜の粉」という場合には、「チョークのこな」のように言って、「チョークのこ」とは言いません。「火の粉（こ）」は、「火」＋「の」＋「粉」という三語の合成としてではなく、すでに「火の粉」という全体で一語化しているものと見るのがよいでしょう（もちろん、もとは三語の合成でした）。

それでは、「粉」の後に何かが付くときは、どうでしょうか。「粉雪」を「こゆき」と言うこともありましたが、今は、「こなゆき」と言うのが普通でしょう。「粉石鹸」も「こせっけん」とは言いませんね。ただし、「粉吹き芋」は「こ吹き芋」です（「こな吹き芋」と言う人もいるようですが）。

「粉」の前後に何も付かないときは、「こなが落ちてる」「こなを集める」のように「こな」

です（「身をこにする」「こを吹く」は例外的です）。「こが落ちてる」「こを集める」では何のことだか分かりません。

右のように、「粉」を「こ」と言うのは、ごく限定された場合であり、ほとんどの場合が「こな」なのです。これには理由があります。その理由とは、「こ」には同音異義語が多い（「子」「弧」「孤」「個」「固」「小」「古」など）ということです。だから、「小麦粉」「カレー粉」のように、「こ」と言っても「粉」のことだと明らかに分かる場合を除いて、「粉」は「こな」と言うのです。

「身をこにする」も、「こ」が「粉」だということがはっきりと伝わるように「身をこなにする」という言い方が出てきたのだと考えられます（日本語学研究所［編］『勘違いの日本語』の六八〜六九ページにも、私と同様の見方が記されています）。

次の第三章では、ラ抜き言葉や「おられる」ほど広まってはいないのですが、それなりにもっともな理由があって使われ始めた言い方――「行かさせていただきます」のようなサ入れ言葉と、「違かった」のような新方言――について見てみましょう。

3 サ入れ言葉と新方言の登場

この章では、〈言語使用上の大きな不都合を解消する変化ではないが、それなりの理由・必然性があって生じた言葉づかい〉について、「行かさせていただきます」のようなサ入れ言葉と、「違《ちが》かった」「〜みたく」という「新方言」と呼ばれる表現を例に挙げてお話しします。

▼サ入れ言葉

「サ入れ言葉」と呼ばれている語形があります。次の三つの言い方のうち、どれがサ入れ言葉か当ててください。

　Ａ　今日限りで会社をやめさせていただきます。

　Ｂ　私が歓迎会の司会をつとめさせていただきます。

　Ｃ　これから御著書を読まさせていただきます。

右のＡ・Ｂ・Ｃの文には、いずれも「させていただきます」という形が使われていますが、サ入れ言葉と呼ばれているのはＣです。

それでは、Ｃがサ入れ言葉で、Ａ・Ｂがサ入れ言葉でないのは、どうしてでしょうか。

Ａ・Ｂの「やめさせていただきます」「つとめさせていただきます」は、もとから「〜させていただきます」と「さ」がある表現です。「さ」のない「やめせていただきます」「つとめせていただきます」という言い方はありません。

一方、Ｃの「読まさせていただきます」は、従来、「読ませていただきます」という「さ」のない言い方が普通でした。ところが、最近、「読まさせていただきます」という言い方が広がりつつあります。「読まさせていただく」のほかにも、「書かさせていただく」「行かさせていただく」などがサ入れ言葉の例です。「書かさせていただく」「行かさせていただく」は、従来の言い方だと「書かせていただく」「行かせていただく」です。

このようなサ入れ言葉は、なぜ生まれたのでしょうか。「さ」を入れないとコミュニケーション上の支障があるというわけではありません。この点でラ抜き言葉とは違います。前章で見たように、ラ抜き言葉の場合は、「ら」のある形（「来られる」「起きられる」など）だと尊敬表現なのか可能表現なのか区別がつきにくく、コミュニケーション上の支障が生じるのでした。これに対して、サ入れ言葉の場合は、「読ませていただく」「書かせていただく」という形で伝達上の問題が起きることはありません。「〜せていただく」という表現で意味する内容は、誤解なく相手に伝わります。

サ入れ言葉が生まれ、広がっているのは、「〜せていただく」「〜させていただく」という二つの形を一つに統一しようとしているためです。

従来、「〜せていただく」という形を使うのは、上にくる動詞が「読む」「書く」「行く」など、a（ア）の音から「ない」に続く動詞の場合でした（yoma＋nai［読まない］、kaka＋nai［書かない］、ika＋nai［行かない］）。こういう動詞の場合は、「させていただく」ではなく「せていただく」を使って、「読ませていただく」「書かせていただく」「行かせていただく」と言うのが普通です。

一方、i（イ）・e（エ）の音から「ない」に続く、「いる」「やめる」などの動詞のときは、「せていただく」ではなく「させていただく」を使って、「いさせていただく」「やめさせていただく」と言います。o（オ）の音から「ない」に続く「来る」という動詞の場合も、「させていただく」を使って「来させていただく」と言います。

「〜せていただく」でも「〜させていただく」でも意味は同じです。上にくる動詞の種類によって「〜せていただく」になったり「〜させていただく」になったりする。この使い分けは面倒と言えば面倒ですね。意味が同じなら形も同じほうが効率的です。そこで、「させていただく」という一つの形に統一しようとしたのがサ入れ言葉です。

▼「違かった」

「違かった」という言い方を聞いたことがあるでしょうか。私の娘（小学生）も、どこで覚えたのか、この表現を使います。従来の言い方であれば、「違った」です。「違かった」は、日本語研究者の間では「新方言」と呼ばれています。「方言」といっても、ある限られた地域でのみ使われている言葉だというわけではなく、標準的（スタンダード）でない言い方だという意味です。「標準的でない」というのは、どういうことか。分かりやすく言えば、ＮＨＫのアナウンサーは、テレビ・ラジオの放送で「違かった」という言い方はしないということです。「新方言」の「新」は、最近生まれた言い方（新しい表現）ということです。

井上史雄氏は、新方言を、「①若い世代に向けて使用者が多くなりつつあり、②使用者自身も方言扱いしている、③共通語では使わない言い方」（『日本語ウォッチング』一四一ページ）と定義しています。

新方言の例としては、「違かった」のほかに、「～みたく」という表現があります。従来、「彼は子どもみたいに駄々をこねている」のように「～みたいに」という形で言っていたのを、「彼は子どもみたく駄々をこねている」と言う人がいます。この「～みたく」も新方言です。

それでは、なぜ、「違かった」という言い方が使われ始めたのでしょうか。

その答えを考えるために、ここで一つ問題を出しましょう。

問題…「違う」という言葉は、動詞ですか。それとも形容詞ですか。

ある講演会で右の問題を出したところ、百人ほどの聴衆のうち九割以上の方々が、形容詞だと思うと答えました。ところが、私の勤めている大学の留学生クラス(「日本語」の授業)で同じ質問をすると、ほとんどの学生が動詞だと答えます。読者の皆さんは、いかがでしょうか。正解は、動詞です。

「違う」が動詞だということは、言葉の形を見ればすぐに分かります。動詞はu(ウ)の音で終わります。「書く」(kaku)、「読む」(yomu)、「話す」(hanasu)など、動詞と呼ばれるものは、どれも、終わりがuの音です。「違う」もuの音で終わることから、動詞だと分かります。

しかし、「違う」は形容詞だと思ったという読者も、がっかりしないでください。「違う」は形容詞だという感覚も、正しい面があります。それでは、どういう点で正しいのか。今お話ししたように、「違う」は、形の上では確かに動詞です。しかし、意味の面から見ると形容詞的なのです。

形容詞の例は「美しい」「悲しい」「つらい」「高い」「赤い」などですが、いずれも状態・性質を表します。これに対して、動詞は、典型的には行為（「書く」「話す」など）や変化（「なる」「割れる」など）を表します。

「違う」には二つの意味があります。一つは《間違っている》という意味。《君の考えは間違っている》という意味で「君の考えは違う」と言うときの「違う」です。もう一つの意味は《異なる》という意味で、「彼と彼女は性格がずいぶん違う」のように言うときの「違う」です。

これら二つの意味（《間違っている》という意味、《異なる》という意味）は、どちらも状態・性質を表します。英語で言うと、《間違っている》は"wrong"であり、《異なる》は"different"ですが、"wrong"も"different"も形容詞（adjective）です。このように、「違う」は状態・性質を表すので、形容詞だと捉えられても無理はありません。ここに「違かった」という言い方の発生を解く鍵があります。

「違かった」は、「違う」に「た」を付けた形（「違う」の夕形）ですが、形容詞に「た」を付けると、どうなるか。「美しい」→「美しかった」、「悲しい」→「悲しかった」、「つらい」→「つらかった」、「高い」→「高かった」のように、全て、「〜かった」となりますね。「違う」を形容詞として捉えると、形容詞の夕形と同じく「〜かった」という形をとることになり、ここに「違かった」が誕生します。「違うかった」という言い方もありますが、「違かった」にせよ「違うかった」にせよ、いずれも「〜かった」という形容詞夕形の形です。

もちろん、「違う」を形容詞だと思っている人が皆、「違かった」と言うわけではありません。「違った」という従来の言い方を身につけているため、「違う」は形容詞だと思っていても「違かった」とは言わないということはあります。しかし、なぜ「違かった」という言い方が生まれ、広がっているのか、その理由は、今お話ししたことからお分かりいただけたと思います。

▼「〜みたく」

「違かった」以外の新方言の例として先ほど挙げた「〜みたく」(例…「彼は子どもみたく駄々をこねている」)も、「違かった」と同じようなメカニズムで誕生したものです。

「〜みたく」は、従来の言い方だと「〜みたいに」です。「〜みたいに」の終止形(そこで文が終わるときの形)は「〜みたいだ」ですが、その「だ」を言わずに、「彼は子どもみたい」のように言うことがありますね。そうすると、「子どもみたい」が形容詞のように見えます（本来は、名詞「子ども」＋「みたい（だ）」。「みたいだ」は、接尾語と言われたり助動詞と言われたりしています）。なぜ形容詞のように見えるのか。理由は二つあります。

一つ目の理由は、「子どもみたい」がｉ（イ）の音で終わるということです。「楽しい」「美しい」「高い」「暖かい」「痛い」のように、形容詞はｉの音で終わります。「子どもみたい」が形容詞のように見える理由の二つ目は、意味に関わります。「子どもみたい」は《子どものような性質である》という意味で、性質を表します。「違かった」のところでお話ししたように、形容詞は性質や状態を表現する言葉です。「子どもみたい」は、性質を表すという点で形容詞的なのです。

それでは、「子どもみたい」のような言い方が形容詞のように見えることと、「～みたく」という新しい形が生まれたこととは、どう関係するのでしょうか。

形容詞の連用形（後にくる言葉を修飾する［詳しく言う］ときの形）は、「楽しく遊ぶ」「美しく咲く」「赤く染まる」のように「〜く」です。「違う」を形容詞として捉えた人が、形容詞の夕形（「〜かった」）に合わせて「違かった」という形を作ったように、「〜みたい」を形容詞の連用形（「〜く」）と同じ形に変化させたのが「〜みたく」という言い方です。

「違かった」「〜みたく」のような言い方を聞くと、いい加減に言葉を使っているような感じがするかもしれませんが、右に見たように、「違かった」にしても「〜みたく」にしても、それなりの論理に基づく語形なのでした。

▼サ入れ言葉・新方言の特徴

この章では、サ入れ言葉と新方言「違かった」「〜みたく」を例にして、〈言語使用上の大きな不都合を解消する変化ではないが、それなりの理由・必然性があって生じた言葉づかい〉についてお話ししました。

サ入れ言葉にしても「違かった」「〜みたく」にしても、「読まさせていただく」のように「さ」を入れないと、あるいは「違かった」「〜みたく」と言わないと、コミュニケーションの上で問題が生じるというわけではありません。「読ませていただく」「違った」「〜みたいに」という従来の言い方で特段の不都合はないのです。

しかし、同じ意味を表すのに「〜せていただく」「〜させていただく」という二つの言い方があり、上にくる動詞の種類によってそれらを使い分けるのは効率が悪いという、それなりにもっともな理由があってサ入れ言葉が生まれ、意味的に状態・性質を表す「違う」「〜みたい」を形容詞として捉えたところに「違かった」「〜みたく」という言い方が生まれたのでした（「〜みたい」は、iの音で終わるという音形の面でも形容詞と同じです）。

第1章でもお話ししましたが、将来、サ入れ言葉や「違かった」「〜みたく」が普通の日本語として定着するか否かは分かりません。現時点では、ラ抜き言葉や

「おられる」ほど一般的ではありませんが、それなりの合理性がある言語変化なので、今後、幅広い世代・地域に広がっていく可能性があります。しかし、サ入れ言葉や「違かった」「〜みたく」は、ラ抜き言葉や「おられる」のようにコミュニケーション上の支障を解消するといった強い動機づけによる変化ではないので、いずれ消滅してしまうかもしれません。こういう性質を持っていることが本章で扱った表現の特徴です。

次の章では、「さらなる発展を期待します」のように使われている「さらなる」という言葉について考えてみます。この「さらなる」が間違いだと言われたら、どう思いますか。「え、そうなの?」と思うでしょうか。それとも、「やっぱり、そうだよね」と思うでしょうか。まあ、次の章を開いてみてください。

4　「さらなる」を使うのは誤りか

第2章でお話ししたように、「来れる」「起きれる」のようなラ抜き言葉は、〈やむにやまれぬ理由があって変化が生じ、すでに幅広い世代・地域に広がっている言葉づかい〉です。また、第3章で見た通り、「行かさせていただく」「読まさせていただく」のようなサ入れ言葉は、〈言語使用上の大きな不都合を解消する変化ではないが、それなりの理由・必然性があって生じた言葉づかい〉です。

この第4章では、ラ抜き言葉とサ入れ言葉の中間に位置する「さらなる」という言葉についてお話しします。「さらなる」が、どのような意味でラ抜き言葉とサ入れ言葉の中間に位置するのかということについては、本章の最後に説明します。

「さらなる」は、例えば、「さらなる発展を期待します」「さらなる努力を重ねたいと思います」のように使われています。

しかし、経済学者の野口悠紀雄氏は、この「さらなる」という表現は誤った言い方であるとしています。

「さらなる」という表現を最近よく目にする。「さらなる発展のために」というように使われている。正しくは、「より一層の発展のために」、または「さらに発展するために」と言うべきところである。これは誤用である。だから、日本語から追放する必要がある。少なくとも公的な文書での使用は禁止すべきだ。（『「超」整理日誌　時間旅行の愉しみ』［新潮文庫］一三〇〜一三一ページ）

どうして「さらなる」が誤りなのか。ほんとうに、誤りだと言ってよいのか。以下では、野口氏の論を見ながら、「さらなる」について考えてみましょう。

▼「さらなる」が誤りだとされる理由

野口悠紀雄氏は、経済学者ですが、幅広い分野で活躍している知識人です。個人的なことですが、私は、野口氏の著書の愛読者で、『「超」文章法』は、勤め先の大学で「文章表現」の授業のテキストにしています。この『「超」文章法』は、文章作成のエッセンスが分かりやすくまとめられている、とても有益な本だと思います。野口氏は鋭い言語感覚の持ち主であり、『「超」整理日誌 時間旅行の愉《たの》しみ』に、「さらなる」についての、言語学者さながらの分析が見られます（もとになる文章が『週刊ダイヤモンド』一九九七年九月六日号に掲載されています）。

野口氏は、「さらなる」を誤りであるとします。その理由は何か。野口氏の文章を次に引用しましょう。

誤用である理由は、「さらに」という言葉は副詞であり、これを「さらなる」

と活用することはできない、という点にある。この表現を使っている人は、「さらに」が形容動詞の連用形であり、その連体形として「さらなる」という表現があるものと思っているのだろう。しかし、これは誤解である。

（一三一ページ）

「さらに」が副詞である以上、「さらなる」と語形を変化させることはできない、というのが野口氏の論です。確かに、副詞は語形を変えません。例えば、「少し」「かなり」という副詞が「少さ」「少せ」「かなら」「かなる」のように語形を変えることはありませんね。

また、「さらに」「さらなる」は形容動詞でないという野口氏の見方も当たっています。

形容動詞は、「静かに」「立派に」のような「〜に」という連用形や「静かな」「立派な」のような「〜な」という連体形とともに、「静かだ」「立派だ」のような

「～だ」という終止形を持ちます（「連用形」とは、「静かに話す」のように動詞に続くときの形。「連体形」とは、「静かな部屋」のように名詞に続くときの形。「終止形」とは、「この部屋は静かだ」のように、そこで文を終わらせるときの形）。

	連用形	終止形	連体形
静かだ	静かに	静かだ	静かな
立派だ	立派に	立派だ	立派な

しかし、「さらに」の場合は、「さらな」という連体形もないし、「さらだ」という終止形もありません。

野口氏も言及しているように、「さらなる」という語形自体は、「さらなり」という形容動詞の連体形として古い日本語に存在していました。しかし、この「さらなり」という言葉は《言うまでもない》という意味です。例えば、平安時代に清少納言が書いた『枕草子』に、「夏は夜、月のころは、さらなり」とあります。満月が出る夏の夜の素晴らしさは言うまでもない、ということです。やがて、この「さらなり」は死語となり、「さらなる」という語形も消えました。

右の語史を踏まえて、野口氏は次のように言います。

死語となった「さらなり」の連体形「さらなる」が、あるとき発掘され、それが誤った意味に用いられたのである。これは、突然変異的に発生した言葉である。（一三三ページ）

ここで野口氏が「誤った意味」と言っているのは、《言うまでもない》とは違う意味（《一層の》という意味）のことです。

▼気になる言葉づかいに対する反応の仕方

私たちは、気になる言葉づかいに接したとき、どのように反応するでしょうか。

いろいろな反応の仕方があるでしょうが、なぜそういう言い方が生じたのかを考えずに、「間違いだ」「だめだ」「変だ」とレッテルを貼って終わりにしてしまうのでは、言葉の使われ方や言語変化のあり方に目を閉ざすことになります。これでは言葉を見る眼は養われません。

もちろん、ある言い方に対して好き嫌いの感情を抱くことが悪いのではありません。私にも、嫌いな表現や使いたくない言い方があります。しかし、そのような個人的な感覚とは別に、冷静に言葉を見ることが大切だということです。主観と客観を区別すると言ってもよいでしょう。大まかに言えば、主観というのは個人的な感覚・見方のことであり、客観というのは広く一般に通じる論理のことです。

例えば、電車の中でのマナー違反のことを考えてみましょう。

周りにも聞こえるような大音量で音楽を聴いている人や携帯電話で話をしている人がいると不愉快になることが少なくないでしょう。その「不愉快だ」という気持ち（主観的な感情）は否定されるべきものではありません。マナー違反をしている人は、自分の行為によって不愉快な感情を抱く人々の気持ちを考える必要があります。

しかし、マナー違反を見て、ただ「いやだ」「だめだ」と思うだけでなく、どうしてそういうマナー違反をするのかと冷静に考えてみれば、今の日本社会のあり方・問題点が見えてくるのではないでしょうか。マナー違反に拒否反応を起こすだけでは、マナー違反の底にある問題も分からないし、マナー違反に対する根本的な解決策も得られません。親に反抗する子どもの態度を否定するだけでは何の解決にもつながらないのと同じです。

言葉づかいに関しても、「そういう言い方は間違いだ」と否定するだけでは、大切なことが見えてきません。それでは、もったいない。宝を前にして引き返すようなものです。

主観と客観を分けることが重要だとよく言われます。言葉に関しても、主観（個人的な好き嫌いなど）と客観（ある言い方が生まれた理由など）を区別することが大事です。

▼「さらなる」が使われている理由

それでは、野口氏によって誤りであるとされている「さらなる」という言い方が生まれ、広がっているのは、なぜでしょうか。

野口氏は、「さらなる」について次のように書いています。

この言葉は、昔から使われてきた言葉ではなく、新顔の日本語である。それにもかかわらず、この言葉を用いる人は、荘重な言葉であると誤解している。「一層の発展」と言えばすむものを、わざわざ「さらなる発展」と言うのは、表現に重みをつけたいからなのだろう。しかし、荘重な表現と思ったものが、実は誤りなのである。

（一三六ページ）

野口氏は、「さらなる」を誤りだとするだけでなく、この言葉が使用される理由に目を向けています。この点、さすが野口氏です。ただ、ほんとうに「「一層の発展」と言えばすむものを」と言ってよいのか否かは検討の余地があります。「一層の」で足りるのであれば、「さらなる」という新しい言い方は出てこなかったでしょう。「一層の」ではすまないから「さらなる」が使われるようになったのです。

それでは、「一層の」と「さらなる」では、何が違うのか。「一層の」という言い方がすでにあるのに、なぜ、「さらなる」が使われるようになったのでしょうか。

野口氏は、「表現に重みをつけたいからなのだろう」と言います。しかし、「一層の」と「さらなる」の違いは、表現の重みの有無にあるのでしょうか。私は、「さらなる」を使っていない（つもりな）ので、「さらなる」を使う人の感覚は推測するしかありませんが、ほんとうに「荘重な言葉」として使っているのでしょうか。

「さらなる」が使われている場面や文脈、「さらなる」と言うときの表情や態度から考えると、必ずしも荘重な言葉として使っているようには思えません（表現に重みをつけようとして「さらなる」を使用する人もいるかもしれませんが）。また、私は、「さらなる」という言い方を聞いたときに、荘重な言葉だという感じはしません。『岩波国語辞典　第六版』も指摘しているように、「さらなる」は文章語的です。しかし、文章語的だからといって、「荘重な言葉」だということになるわけではありません。

「「一層の発展」と言えばすむものを」（一三六ページ）という書き方を見ると、野口氏は、「一層の」と「さらなる」が同じ語義を持つという前提に立っているようです。しかし、そこを疑ってみる必要があるのではないでしょうか。

「一層の発展」というのは《従来より、もう一段階上の発展》ということです。「一層」発展する前と「一層」発展した後では、発展の段階（レベル）が違います。建物の階を一階上がるイメージです。

このように「一層の」が段階的な程度増を表すのに対して、「さらなる」は付加的な程度増を表します。「さらなる発展」というのは、発展が積み重なるイメージ（坂を登るイメージ）です。

なお、『類語大辞典』（柴田武・山田進〔編〕）は、「一層」の語義を《程度が明らかに増す様子》と記述し、「さらに」については《それまでの程度が増す様子》としています（同辞典に「さらなる」という項目は立てられていません）。

例えば、誰かの弁明がもう終わってもよさそうなのに、なかなか終わらないので嫌気がさした、というような場合、「さらなる弁明に嫌気がさした」と言うことはあっても、「一層の弁明に嫌気がさした」とは言いにくい。「一層の弁明」と言えば、《前よりも力を込めて弁明する》というようなことです。

また、「より一層の発展」とは言うが、「よりさらなる発展」とは言いにくい。「より一層の発展を期待します」というのは、今より一層の発展を期待するという意味です。「より一層の」の「より」は、比較の相手を表します。右の例で言えば、「今」に比べて、将来、一段と発展することを期待するという内容が表現されています。「今」の段階と「将来」の段階の比較ですね。「一層の」という言葉が段階性を表すので、比較の相手を表す「より」を付けて「より一層の」と言うことができるのです。

これに対して、「さらなる」は段階性を表すものではなく、付加性を表しますから、「よりさらなる発展」とは言いにくくなります。「今に比べて、将来、付け加わって発展する」というような言い方は成立し難いのです。

動詞や形容詞を修飾する表現は、「連用修飾表現」と呼ばれます（「修飾」とは、簡単に言えば、詳しく言うということです）。例えば、「桜は美しく咲く」という文の「美しく」は、「咲く」という動詞を修飾しています。桜がどういうふうに咲くのかを表現しているのが、「美しく」という言葉です。また、「桜はとても美しい」

という文の「とても」は、「美しい」という形容詞を修飾しています。桜がどのくらい美しいのかを「とても」という言葉で表しているのです。

このような連用修飾表現に対して、名詞を修飾する表現を「連体修飾表現」と言います。例えば、「赤い花が咲いている」という文の「赤い」は、「花」という名詞を修飾しています。どういう花かということを具体的に言うのに「赤い」という言葉が使われているわけです。

さて、連用修飾表現と連体修飾表現の間に、「〜に」（連用修飾）—「〜なる」（連体修飾）というペア（対）が見られることがあります。例えば、「いかに」—「いかなる」、「大いに」—「大いなる」などです。「いかに」「大いに」は副詞であり、「いかなる」「大いなる」は連体詞と呼ばれます（もちろん、連用修飾・連体修飾をするのは副詞・連体詞だけではありません。形容詞・形容動詞も、「美しく咲く」「静かに話す」、「美しい花」「静かな部屋」のように連用修飾・連体修飾をします）。

この、「〜に」―「〜なる」の形に合わせて出来あがったのが「さらに」―「さらなる」というペアです。もちろん、副詞「さらに」がすでにあって、「さらに」（連用修飾）―「（　）」（連体修飾）の空白部を埋めるものとして連体詞「さらなる」が生まれたということです。

連用修飾（副詞）	連体修飾（連体詞）
いかに	いかなる
大いに	大いなる
さらに	さらなる

「さらなる」が生まれたのは、「一層の」と似ているけれども違う意味の表現が欲しいという気持ちを人々が持ったからです。「一層の」と「さらなる」の意味の違いを、この章では「段階性」「付加性」という言葉で説明しました。「一層の」と

「さらなる」の間に意味の違いがあるからこそ、「さらなる」が生まれ、広く使われるようになり、「一層の」「さらなる」という二つの表現が共存しているのです。

▼ラ抜き言葉とサ入れ言葉の中間にある「さらなる」

第2章で見た通り、「来れる」「起きれる」のようなラ抜き言葉は、〈やむにやまれぬ理由があって変化が生じ、すでに幅広い世代・地域に広がっている言葉づかい〉です。また、第3章で見たように、「行かさせていただく」「読まさせていただく」のようなサ入れ言葉は、〈言語使用上の大きな不都合を解消する変化ではないが、それなりの理由・必然性があって生じた言葉づかい〉です。本章で扱った「さらなる」は、ラ抜き言葉とサ入れ言葉の中間に位置づけることができます。それでは、「さらなる」は、どのような意味で、ラ抜き言葉とサ入れ言葉の中間に位置するのでしょうか。

ラ抜き言葉は、ラ抜きでない形（「来られる」「起きられる」など）だと尊敬表現なのか可能表現なのか区別がつきにくい場合があり、コミュニケーション上の支障が生じ得ます。尊敬表現のつもりで言ったのに可能表現だと受け取られては困るという問題があるのですね。そこで、「来れる」「起きれる」のような可能表現専用の形（ラ抜き形）を作り、「来られますか」と言えば尊敬表現、「来れますか」であれば可能表現と役割を分担させて、右の支障を解決しようとしているのでした。

これに対して、「さらなる」は、この「さらなる」という表現を用いないとコミュニケーションの上で問題が起きるわけではありません。この点で、サ入れ言葉と同様です。サ入れ言葉も、サ入れでない形（「行かせていただく」「読ませていただく」など）で伝達上の支障が生じることはありません。

「一層の」と似つつも異なる意味の表現が欲しいということで使われるようになったのが「さらなる」です。ラ抜き言葉のように切実な事情があっての変化ではなく、あれば便利という程度の理由で広がっているのです。「さらなる」の使用は、日本語表現を豊かにする変化の一つです。やむにやまれぬ理由による変化か否かという観点で言えば、ラ抜き言葉は「YES」であり、サ入れ言葉や「さらなる」は「NO」です。

一方、言葉の広がり方から見ると、「さらなる」は、ラ抜き言葉と同様に、すでに幅広い世代・地域に広がっていると言えます。「さらなる」は、日本語の中にすっかり定着しています。『広辞苑』や『明鏡国語辞典』などの国語辞典も、「さらなる」を見出し語として掲げています（『広辞苑』で「さらなる」が見出し語になったのは第五版［一九九八年］からです。なお、野口氏も言及していますが、『岩波国語辞典　第六版』の「さらなる」の項目には、「第二次大戦後に使われ始めた言い方」と記されています）。

右のように、「さらなる」は、やむにやまれぬ理由によって使われているわけではありません（この点でサ入れ言葉と同様です）が、そういう意味を表す表現が欲しいという要請によって生まれ、広がり、すでに定着しているのです（この定着度の点でラ抜き言葉と同様です）。

▼新聞やテレビでの「さらなる」の使用について

時折、新聞で「さらなる」が使われていることがあります。例を挙げましょう。次の文章は、森光子さん主演の舞台「放浪記」が上演二千回を迎えたときの記事の一部です。

森さんは「ずっと待っていた二千回でしたが、来てしまうと、貴重な時間を割いて下さった皆様に申し訳ないような、いたたまれないような恥ずかしい気持ちです」と記録達成の感想を語った。「表現のもっと豊かな女優になりたい」とさらなる精進も誓った。

（『朝日新聞』二〇〇九年五月一〇日、朝刊三四面。「さらなる」の傍線は竹林が引いた）

また、テレビを見ていても、「さらなる」が使われています。

この章でお話ししたように、「さらなる」は、「一層の」と似つつも異なる意味を表す言葉としての便利さが広く認められて、すでに普通の日本語として定着しています。このことを考えますと、新聞やテレビで「さらなる」を使っても全く問題ないという意見が当然あるでしょう。

しかし、別の考え方もあると思います。〈野口悠紀雄氏のように「さらなる」に抵抗感・違和感を抱いている人たちもいるのだから、新聞やテレビでは「さらなる」をできるだけ使わないようにするのがよい〉という考え方です。

例えば、ラ抜き言葉（「見れる」「来れる」など）は、繰り返し書いたように、コミュニケーション上の支障を回避するために生じたものです。すでに幅広い世代・地域で使われています。それでは、新聞でラ抜き言葉が使われたら、どうなるか。

NHKのアナウンサーがニュース番組の中でラ抜き言葉で話したら、視聴者はどう思うか。新聞やNHKのニュース番組でラ抜き言葉が使われても気にならないという人もいるでしょう。新しい表現が使われていることに好感を抱く人さえいるかもしれません。しかし、抵抗感・違和感をおぼえる人も少なくないはずです。

この本の「はしがき」で引用した小松英雄氏の文章をもう一度見てみましょう。

正しい日本語が客観的かつ固定的に存在するわけではない。相手に抵抗を感じさせないのが正しいことばづかいであり、とりもなおさず正しい日本語である。相手しだいで、いくとおりもの正しい日本語があり、その場に応じてそれらを適切に使い分けるのが言語運用の能力である。

（『日本語はなぜ変化するか』二四一ページ。傍線は原文のもの）

「さらなる」は、すでに定着した言葉だとはいえ、野口氏のように抵抗感・違和感を抱いている人もいます。野口氏だけではありません。この章で見た「さらなる」批判の文章の中で、野口氏は次のように書いています。

この原稿が雑誌に掲載された直後に、友人から手紙をもらった。それによると、部下がこの言葉を使い始めたとき、彼も躍起《やっき》になって訂正したのだそうである。しかし、最近では、あまりに広がりすぎて、絶望的な気持ちになっているという。

（『「超」整理日誌　時間旅行の愉しみ』〔新潮文庫〕一四〇ページ）

私が日本経済新聞社の内部向けの講演会で「さらなる」の話をしたところ、デスクをされている方が、自分も「さらなる」という表現に強い抵抗を感じると言われました。

どうしても「さらなる」を使わなければならないという場合がどのくらいあるでしょうか。例えば、「さらなる支援が必要です」と言う代わりに、「さらに支援する必要があります」と言うことができます。「さらに」を使えば、誰からも問題視されません。

相手に抵抗感を抱かせない言葉づかいが「正しい日本語」だとすれば、不特定多数の人たちを相手とする新聞やテレビでは、「さらなる」の使用に慎重であるのがよいでしょう。

ただし、「さらなる」は間違いだと思っている人、おかしな言い方だと感じる人には、私が本章で書いた、「さらなる」がどのようにして使われるようになったのかということを知っていただきたいと思います。

「さらなる」は、学習不十分による誤用ではありません。どうしても「さらなる」を使う必要がある場合は少ないとしても、「さらなる」があれば便利です。例えば、先ほど引用した『朝日新聞』の記事ですが、「「表現のもっと豊かな女優になりたい」とさらなる精進も誓った。」と「さらなる」を使うことで、「一層の」とは少し違う意味が表せますし、「さらに精進することも誓った」と書くより引き締まった（つまり、短く簡潔な）表現になります。「さらなる」を批判しても、あまり意味はありません。

この章では、「さらなる」についてお話ししました。「さらなる」は、「一層の」と似つつも異なる意味を表します。その有用性が多くの人々によって認められ、今や普通の日本語として使われているのでした。

ある言葉がすでに幅広い世代・地域で使われているとき、その言葉を誤りだと言ってもメリットはないと思ったほうがよいのです。誤りだと言うよりも、その言葉が広く使われている理由を考えることがずっと大切です。

ところで、皆さんは、目上の人に「御苦労様でした」と言いますか。「言わない」という方も「言う」という方も、次の「コーヒーブレーク」を読んでみてくださ い。きっと御参考になると思います。

＊＊＊コーヒーブレーク

「御苦労様でした」

——誰に対して言うのか

松尾聰《さとし》氏は、私の尊敬する日本文学研究者です。私は、高校三年生のときに松尾氏の著書『増補改訂　古文解釈のための　国文法入門』、『源氏物語を中心とした　語意の紛《まぎ》れ易《やす》い中古語攷《こう》』などを読んで感動し、言語研究の道に進むようになりました。一つ一つの言葉を大切にされ、ごまかしをなさらない御研究にひかれたのです。「大学に入って、こういう研究をしたい」と憧《あこが》れの気持ちを抱きました。

さて、松尾氏の『日本語遊覧』の中に次のような文章があります。

> 今どき、目上には使わない詞《ことば》に気をつけるなどということは、はやらないのかも知れないが、明治生まれの私にはやはり気になることである。昭和天皇がまだお元気の頃のことだが、当時の中曾根首相が「陛下には御苦労様でしたと申し上げたい」と言ったのを、「御苦労様」とは目下に使う詞だと指摘した新聞記事をみて、まだ良識を持

つ人はいるとホッとした一方、首相ともあろうお人が一体どういう言語環境にお育ちかといぶかしく思ったことであった。
（二一ページ）

言葉づかいに厳しい松尾氏らしい文章だと思います。

「御苦労様でした」が目上の人に対して使う言葉でないということは、よく言われます。『明鏡国語辞典』の「御苦労様」の項目には、「目上の人に対しては「お疲れ様」を使うほうが自然。」と注記されています。また、梅津正樹（編著）『似たもの言葉のウソ！ホント？』にも次のようにあります。

「ご苦労様」には「ご」と「様」という尊敬語が使われているが、自分と同等以下の人に対して用いる言葉である。目上の人に対しては「お疲れ様でした」と言う。
（五五ページ）

それでは、松尾氏が指摘しているように、中曾根氏が昭和天皇に「陛下には御苦労様でしたと申し上げたい」と言ったのは不適切だったのでしょうか。

右の中曾根氏の発言は、天皇在位六〇年式典の祝辞におけるものだと思われます。一九八六年四月三〇日の『読売新聞』（朝刊三面）に掲載された、中曾根氏の祝辞の「要旨」は次の通りです。

ご在位六〇年に加うるに、歴代天皇中最高ご長寿のお誕生日を迎えられ、歴史にまれな御慶事を、衷心《ちゅうしん》よりお祝い申し上げます。昭和の六〇年はまさに激動の時代でした。陛下は、この波乱の時代を一貫して、ひたすら平和と人々の福祉を念願してこられました。今やわが国は、成熟しつつある民主主義国家として国際社会に重きをなすに至りました。陛下、本当にご苦労さまでした（傍線、竹林）。今日、内外の諸情勢には厳しいものがありますが、憲法の下、天皇陛下を国民統合の象徴と仰《あお》ぎ、歴史の教訓に謙虚に学びつつ、豊かで文化と活力に満ちた日本を建設し世界と人類の福祉のため最善の努力を尽くす決意です。陛下はかつて「よろこびもかなしみも民と共にして年はすぎゆきいまはななそぢ」と詠まれました。六〇年の波乱の道程を万感をこめて顧《かえり》みつつ、心から天皇、皇后両陛下のご長寿と皇室のご繁栄をお祈り申し上げます。

〈「御苦労様でした」は目上の人には使わない〉という規範を機械的に当てはめれば、中曽根氏の表現は誤りだということになります。しかし、そのような機械的な処理は、時として、言語表現の機微や表現者（話し手・書き手）の気持ちを捉えそこなうことにつながるので、注意が必要です。

右に記したように、『明鏡国語辞典』で「御苦労様」を引くと、「目上の人に対しては「お疲れ様」を使うほうが自然。」という注記があります。それでは、「陛下には御苦労様でしたと申し上げたい」という表現の「御苦労様でした」を「お疲れ様でした」にしてみましょう。

陛下にはお疲れ様でしたと申し上げたい

右のように「お疲れ様でした」と表現すれば問題ないのでしょうか。昭和天皇の労を多とする言葉として「お疲れ様でした」では軽くないでしょうか。「陛下には御苦労様でしたと申し上げたい」と言った中曾根氏の表現心理がどういうものであったかは分かりません。しかし、この「御苦労様でした」を、「ほんとうにお大変でしたね。御苦労をなさいましたね」という気持ちの表現として考えれば、あながち不適切な言葉づかいだとは言えないように思います。

聖書に、イエス・キリストの弟子たちが腹をすかせて、安息日（今の土曜日）に麦の穂を摘んだという話があります。当時、この行為は、安息日に行なってはならないこととされていました。そういう規範を重視するパリサイ人（当時の宗教指導者）がイエス・キリストの弟子たちを非難します。

ご覧なさい。なぜ彼らは、安息日なのに、してはならないことをするのですか。

（「マルコの福音書」二章二四節。聖書の本文は『聖書　新改訳』第三版［日本聖書刊行会］に拠る）

この非難に対するイエス・キリストの答えは次の通りです。

イエスは彼らに言われた。「ダビデとその連れの者たちが、食物がなくてひもじかったとき、ダビデが何をしたか、読まなかったのですか。アビヤタルが大祭司のころ、ダビデは神の家に入って、祭司以外の者が食べてはならない供えのパンを、自分も食べ、またともにいた者たちにも与えたではありませんか。」また言われた。「安息日は人間のために設けられたのです。人間が安息日のために造られたのではありません。人の子は安息日の主です。」

（「マルコの福音書」二章二五～二八節）

パリサイ人たちの間では、「安息日は人のためにある」という根本精神が認識されていませんでした。決まりが決まりとして独り歩きしてしまっていたのです。

〈この言葉はこのように使う〉という慣習（言葉づかいの規範）を学び、意識することは大切です。しかし、それにガチガチに縛られると言語表現について柔軟に見ることができなくなり、大事なことを見失ってしまいます。気をつけたいものです（自戒を込めて、こう書いています）。

なお、〈「御苦労様でした」は目上の人には使わない〉という規範に違和感をおぼえる人がいるかもしれません。この規範に関して、橋本五郎（監修）『乱れているか？　テレビの言葉』に興味深い記述があります。自衛隊では、上官に対して「御苦労様でした」と言うことがあるそうです。同書には、「自衛隊以外でも、目上に使うことに違和感のない地域や職場があるかもしれない」（六三ページ）とあります。皆さんの地域や職場では、いかがでしょうか。

次の第五章では、気をつけたい言葉づかいについてお話しします。言葉づかい一つで、人に誤解されたり人間関係が悪くなってしまったりします。そのようなことにならないためには、どうしたらいいのでしょうか。

5 気をつけたい言葉づかい

第2章で見たラ抜き言葉・「おられる」や第3章で見たサ入れ言葉・「違かった」「〜みたく」とは違って、単なる学習不十分によって言葉の誤用（間違った使い方）が生じることがあります。この章の前半では、「気が置けない」「役不足」などを例として、学習不十分による誤用についてお話しします。

また、本章の後半では、非社会的な言葉づかいとして、脈絡なしに話題を転換する「っていうか」や、「きもい」「きしょい」のような略語についてお話しします。

▼「気が置けない」

「あの人は気が置けない人だ」という表現を聞いて、皆さんは、どういう意味だと思うでしょうか。「気が置けない」というのは、《遠慮がいらない》《心から打ち解けることができる》という意味です。

しかし、最近、この言葉を《油断できない》《気が許せない》という意味で使う人がいます。《油断できない人》《気が許せない人》という意味で「あの人は気が置けない人だ」と言ったのでは、コミュニケーションの上で支障をきたします。なぜなら、「気が置けない」を従来の意味で理解している人は、「あの人は気が置けない人だ」という表現を聞くと、《あの人は気が許せる人だ》という意味で受け取るからです。これでは、話し手の言わんとしていることと正反対の内容を相手に伝えることになりますね。

例えば、次のようなことになりかねません。

A　庶務課の田中さん、気が置けない人だよ。覚えておいてね。
B　うん、分かった。ありがとう。

ひと月後、

B　ねえねえ、庶務課の田中さんって、ひどい人じゃない！　このあいだ大事な相談したら、周りの人たちに言いふらされて、ほんとに困ったよ。
A　え……。だから、気が置けない人だって教えてあげたでしょ。
B　「気が置けない」って、どういう意味か、分かってるの?!

このような「気が置けない」の誤用は、言葉についてきちんと学んでいないために生じたものです。

▼「役不足」

「気が置けない」の誤用と同様のものに「役不足」の誤用があります。

「役不足」という言葉は、従来、《ある人の力量に比べて、その人の役目が軽い》という意味で使われてきました。「役目が、人の力量に比べて不十分だ」ということです。

ところが、この言葉を「人の力量が、役目に比べて不十分だ」ということを表すものと考えて、《力不足》の意味で使う人が増えてきました。

例えば、上司から「新しいプロジェクトのリーダーをお願いしたいんだけど、引き受けてくれるかな」と言われて、「いえ、私には役不足です」と答える人がいます。《私には力不足です》という意味で言ったつもりが、《私には、そんな役は不十分です》という意味を伝えてしまうことになります。自分の意図とは正反対の内容になるのです。「役不足」の誤用だと上司が理解してくれれば、「言葉の使い方を間違っているんだな」という程度ですむでしょう。しかし、そのように理解してもらえなければ、「何と高慢な人間だ」と思われてしまいます。こういうことにならないよう、気をつけたいですね。

▼「一姫二太郎」（いちひめにたろう）

「山田さんの家は一姫二太郎だよ」という表現を、皆さんは、どのように理解するでしょうか。山田さんの子どもは二人でしょうか。それとも三人でしょうか。

従来は、「一姫二太郎」と言えば、子どもは二人であり、上の子が女の子、下の子が男の子という意味でした。「一姫」の「一」、「二太郎」の「二」は、「一人目」「二人目」ということで、「姫」は「娘」、「太郎」は「息子」を指します。子を持つには、一人目が（育てやすい）女の子で、二人目が（女の子よりも手のかかる）男の子であるのがよい、ということを表す言葉が「一姫二太郎」です。

ところが、この言葉を、《娘が一人で息子が二人》という意味だと思っている人がいます。文化庁が実施した「平成一二年度　国語に関する世論調査」（二〇〇一年一月の調査）では、全国一六歳以上の男女二一九二名のうち三三・七％の人が、「一姫二太郎」は《子供は女一人、男二人であるのが理想的だ》という意味であると思うと回答しています（文化庁文化部国語課『平成一二年度　国語に関する世論調査　家庭や職場での言葉遣い』七八ページ）。

同じ「一姫二太郎」という言葉が右のように二つの意味で考えられているのでは、コミュニケーションに支障が生じます。話し手は従来の意味で言ったのに聞き手は《娘が一人で息子が二人》という意味で受け取ったり、逆に、話し手が《娘が一人で息子が二人》という意味で言って聞き手が従来の意味で受け取ったりしていては、きちんとした情報伝達ができません。混乱が起きてしまいます。だから、《娘が一人で息子が二人》という意味理解を安易に容認すべきではありません。

こういう、単なる学習不十分による誤解・誤用にすぎない場合について、「言葉は時とともに変わるのだから、新しい意味も認めてよいのではないか」などと言うのは、的外《まとはず》れです。

▼学習不十分による誤用の問題点と解決法

「気が置けない」「役不足」「一姫二太郎」の例で見たように、学習不十分による誤用は、話し手が伝えようとしていることが聞き手に正確に伝わりません（それどころか、正反対の内容を伝えてしまうことがあります）。言語にとって大切なのは、小松英雄氏が言うように正確かつ迅速《じんそく》な伝達ですから（『日本語の歴史』六二ページ）、この章で見たような誤用は好ましくないのです。

国広哲弥氏は、「気が置けない」について次のように書いています。

言葉は必然的に変化して行くものだから、この誤用も新しい変化として認めて行けばいいではないかと思う人もいるかと思われる。しかし、同じ変化でも、可能を表わす「たべられる」が「たべれる」に変わる場合のように、意味の伝達に支障が生じる恐れがないのと違って「気が置けない」の場合は、正用法と誤用で意味が真反対になり、この意味の取り違えが元で人間関係にひびがはいる恐れが多分にあるから、ことは重大である。ある人を評して「気楽に付き合える人」とほめたつもりが、「油断のならない人」と言ったことになっては一大事である。であるから、筆者もそのひとりであるが、この二つの言いかた（竹林注…「気が置けない」と「気が置ける」）をまったく使わないようにする人が出始めている。この言いかたを使わなくても、ほかに言いかたはいくらでもあるのである。……できることなら、この誤った解釈はこの世から消えて行ってほしいものである。

（『日本語誤用・慣用小辞典』五八ページ、六〇ページ）

それでは、学習不十分による誤用を少なくするには、どうしたらよいでしょうか。平凡な答えですが、まずは、一人一人が言葉の使い方をしっかり勉強することです。と言っても、自主的に母語の勉強をしようとする人は多くないでしょうから、対策を考える必要があります。学校や企業で生徒や社員に「日本語検定」を受検させるのも一つの方法です。もちろん、検定試験を受けさせるだけでなく、授業や研修で言葉の使い方を教えなければなりません。その際、ラ抜き言葉やサ入れ言葉のようなものと、「気が置けない」「役不足」などの誤用とは、区別するのがよいでしょう。少なくとも、教える側は、両者の性質が違うということを認識しておくべきです。

また、学習不十分による誤用に対しては、安易に認めない姿勢をとることが大切です。

金田一秀穂《ひでほ》氏の著書『適当な日本語』に、次のような「相談」が載せられています。

結婚式で、司会の若者が「私のような若輩者が役不足でございますが、司会をやらせていただきます！」と言って、がんばっていました。直してあげた

ほうがいいでしょうか。（一四ページ）

これに対する金田一氏の答えを見てみましょう。

「役不足」というのは、自分の能力に対して与えられた役割がつまらないものであるということになってしまい、ちっとも謙遜《けんそん》していることになりません。自分の能力を謙遜したいときには、「役者不足」、「力不足」という言い方をするのが本当です。しかし今日は、たぶん新郎の友人が、晴れの舞台でがんばっているのです。まさか、本気で、役が軽いと不満を感じているとは思えません。それよりも、司会の大役のプレッシャーに押しつぶされそうになっているのかもしれません。だとすれば、ここは優しく、ほほえましいと思いながら聞いてあげるのが、いい大人のすべきことであろうかと思います。「失礼だぞ！」と怒り出すのは、今日の主役である新郎新婦に対して失礼なことになるかと思います。（一五ページ）

金田一氏が言う通り、結婚式で「失礼だぞ！」と怒り出すのは大人がすることではありません。しかし、「私のような若輩者が役不足でございますが、司会をやらせていただきます！」と言った司会の若者に、誰かが結婚式の後にでも「役不足」の本来の意味を教えてあげるのがよいでしょう。

▼「五月晴れ（さつきばれ）」の使い方

晴れわたった五月の天気のことを「五月晴れ」と言う人がいます。これは学習不十分による誤用でしょうか。

国語辞典で「五月晴れ」を調べると、次のように記述されています。

『広辞苑』（第六版）

① さみだれの晴れ間。梅雨の晴れ間。

② 五月の空の晴れわたること。また、その晴れわたった空。

『明鏡国語辞典』

① 梅雨の合間の、晴れた天気。つゆばれ。

② 五月の、さわやかに晴れた天気。

『広辞苑』でも『明鏡国語辞典』でも、一番目に挙げられているのは《梅雨(五月雨《さみだれ》)の合間の、晴れた天気》という意味です。「五月晴れ」の「五月」は明治時代の初めまで使われていた陰暦五月のことで、今のカレンダーで言うと六月になります。六月は梅雨の時期。雨が降り続く、その合間に気持ちよく晴れる日がありますね。そういうとき、「今日は五月晴れだね」と言っていたのです。

ところが、最近、「五月晴れ」を《五月の、晴れわたった天気》という意味(『広辞苑』『明鏡国語辞典』の②の意味)で使う人が増えています。梅雨の晴れ間に誰かが「今日は五月晴れになったね」と言うのを聞いて、「今は六月なのに、五月晴れだなんて、おかしなことを言ってるな」と思う人がいるかもしれません。

それでは、《五月の、晴れわたった天気》という意味で「五月晴れ」を使うのは、学習不十分による誤用なのでしょうか。

確かに、「五月晴れ」という言葉の従来の使い方をしっかりと学んでいれば、この言葉を《五月の、晴れわたった天気》という意味で使ったり、そういう意味で理解したりすることはないでしょう。

しかし、「五月晴れ」の場合は、本章で学習不十分による誤用の例とした「気が置けない」や「役不足」の誤用とは性質が少し違います。単なる学習不十分による誤用とは言い難い、というのが私の考えです。どうして、こう考えるのか、説明しましょう。

誰かから「五徳を見たことがありますか」と聞かれたとします。「五徳」とは何か、どのくらいの人が分かるでしょうか。若い世代で五徳を知っている人は少ないと思います。五徳というのは、火鉢や炉の中に立てて、やかんなどをかける、三脚（または四脚）の輪形の器具です。と言っても、ピンとこないかもしれませんね。今の生活で五徳を使っている人は、ほとんどいないからです（私だって使っていません）。生活様式が変化し、昔あったものがどんどんなくなっています。五徳どころか、洗濯板を知らない若者もいるのではないでしょうか。

このように、時代が変わり、生活の仕方が変われば、昔あったものがなくなり、それを指す言葉（五徳、挽臼《ひきうす》など）も使われなくなっていきます。

カレンダーも、今の日本は陰暦ではなく、すっかり陽暦になっています。そうなると、「五月晴れ」の「五月」が陽暦五月のことだと思われても無理はありません。時代の変化が意味理解の変化を引き起こしているのです。

もちろん、「さつき」というのは、本来、陰暦五月の呼び名です。「むつき」（睦月）が陰暦一月、「きさらぎ」（如月）が陰暦二月、「やよい」（弥生）が陰暦三月のことであるように、「さつき」と言えば、陰暦の特定の月のことを指します。しかし、「五月晴れ」という漢字表記が頭の中にあると、「陰暦」ということが飛んでしまい、陽暦五月を指すものと考えられやすくなります。そのうち、「五月晴れ」を「ごがつばれ」と言う人が増えて、問題になるかもしれません。

なお、本来の意味とは違う意味で理解されたり使われたりすることがある、季節に関わる言葉として、「小春日《こはるび》」「小春日和《こはるびより》」について触れておきましょう。

「小春日（日和）」とは、いつのことでしょうか。春・夏・秋・冬、どの季節に使う言葉なのか。

「小春」と言うのだから、「小春日」とは天気の良い春の日のことを指すのだろうと思う人がいるのではないでしょうか。

しかし、本来、「小春日（日和）」というのは春のことではありません。「小春」は陰暦十月の呼び名です。今のカレンダーで言うと十一月になります。なぜ陰暦十月を「小春」と言うのか。それは、陰暦十月（今の十一月）には、しばしば、春のようなうららかな天気の日があるからです。

小春の頃の、まるで春のように暖かい良い天気が「小春日和」であり、そういう日のことを「小春日」と言うのです。

▼「っていうか」

『問題な日本語』（北原保雄［編］）は、

A　K子来るんだろうか。

B　う～ん。っていうか、ちょっとこれ（手元の雑誌）見て。変だよ、これ～。

のように話題転換に使う「っていうか」について次のように書いています（「っていうか」は、いつも話題転換に使われるわけではありません）。

ふと思いついたことを相手に配慮することなく気ままに述べるという気安さ

が感じられます。このような使い方に対して「子どもっぽい」とか「教養がない」という感じを受ける人は少なくないと思います。（四二ページ）

会話にはマナーがあります。相手が言っていることとは別の話に急に転換するのはマナー違反です。しかし、このマナー違反を犯す人が少なくない。

齋藤孝氏は、著書『読書力』の中で次のように書いています。

中学生や高校生の友だち同士の会話を聞いていると、まったく脈絡のない話を次々にしていることがよくある。それはそれで友だち同士なので楽しい会話になっているのかもしれない。問題は、親しい友人以外と話す場合だ。脈絡のない話し方は通用しない。相手の言ったこととまったく無関係に「ていうか」という始まりでまったく別の自分だけに関心のある話をしたならば、相手はうんざりしてきて人格さえも疑うようになる。脈絡のない話し方は、社会性がないと受け取られる。（一五二〜一五三ページ）

右のような話題転換の「っていうか」は、安易に使わないようにすべきです。
『問題な日本語』には、

話題を転換したいのなら「それより」や「ところで」を使えばいいのです。そうすれば話題を転換することがはっきり伝わります。（四二ページ）

とありますが、この見方は問題のポイントを大きく外しています。「K子来るんだろうか」という相手の話に対して、「うーん。それより、ちょっとこれ見て」と言っても「うーん。ところで、ちょっとこれ見て」と言っても、マナー違反であることに変わりはない。話題を急に転換すること自体が非社会的なのです。

▼「きもい」「きしょい」「うざい」

若者が使う「きもい」「きしょい」「うざい」といった言葉は、話題転換の「っていうか」とは違う意味で非社会的です。「きもい」「きしょい」「うざい」は、各々、

「気持ち悪い」「気色悪い」「うざったい」を縮めた言葉（略語）です。

それでは、「きもい」「きしょい」「うざい」などが非社会的なのは、どうしてか。これらが略語であること自体が問題なのではありません。日本語に略語が多いことは、よく知られています。「エアコン（←エアコンディショナー）」「パソコン（←パーソナルコンピュータ）」「テレビ（←テレビジョン）」「原発（←原子力発電所）」など、たくさんの略語が日常的に使われています。

「きもい」「きしょい」「うざい」などが問題なのは、これらの略語の意味が（言い換えれば、これらの言葉が何の略語なのかが）理解できない、そういう人が（特に年輩の世代に）少なくないということです。一般に広く通じない言葉を公の場で使うことが非社会的なのです。こういう種類の非社会性は、カタカナ語の一部（「パーティション」「リテラシー」「ガバナビリティー」など）に関しても指摘できます（非社会的な若者言葉・カタカナ語については、第6章・第7章であらためてお話しします）。

右のような非社会性に加えて、「きもい」「きしょい」「うざい」などがマイナスの感情・評価を表すこともあり、これらの略語が問題視されているのだと考えられます。

▼非社会的な言葉づかいの解決法

脈絡なしに話題を転換する「っていうか」や「きもい」「きしょい」などの略語は、社会性に欠けるものですから、特に公の場での使用に対しては厳しい姿勢をとる必要があります。

山口仲美氏は、著書『若者言葉に耳をすませば』の中で、（一部の）若者言葉に関して次のように書いています。

たとえ、若者には受け入れられなくても、中高年がきちんと注意すること

は、とても大切。若者が、そこで、考えるからです。それが、言葉を的確に使う訓練になるからです。（二三六ページ）

非社会的な言葉づかいをなくすための対策として最も有効なのは、家庭での教育でしょう。

まずは、家族間でたくさん会話をすることです。そして、脈絡なしの話題転換は互いに（夫婦間でも親子間でも）気をつける。話題を急に変えないこと、人の話を妨げるような割り込みをしないことなど、会話の基本的なマナーは家庭でしつけられ、学ぶべき事柄です。

また、「きもい」「きしょい」など、一部の世代だけが使うような言葉が会話の中に出てきたら、その非社会性を教え、「そういう言葉を使うのは気をつけなさいよ」と注意する必要があります。子どもにとっては「うざい」かもしれませんが、そういう注意を子どもが受け入れるような人間関係を日頃から作っておくことが大切です。

言葉づかいの社会性は、家庭で身につけさせなければならないし、家庭でこそ最も効果的に身につくものです。

この章では、まず、《油断できない》という意味で「気が置けない」と言ったり、《力不足》の意味で「役不足」と言ったりするような、学習不十分による誤用についてお話ししました。次いで、非社会的な言葉づかいとして、脈絡なしに話題を転換する「っていうか」や、「きもい」「きしょい」などの略語を挙げました。

これら、コミュニケーションに支障をきたす誤用や社会性に欠ける言葉づかいを安易に容認すべきではありません。学習不十分による誤用や非社会的な言葉づかいは、ラ抜き言葉・サ入れ言葉などとは性質が大きく違うのです。

この章を読んだ方は、「竹林は若者言葉を悪者扱いしているのか」と思ったかもしれません。しかし、けっして、そうではありません。一口に若者言葉と言っても、問題ないものもありますし、「問題だよ」というものもあります。次の章で詳しくお話ししましょう。

6 若者言葉との向き合い方

第1章でも紹介しましたが、文化庁が実施した「平成一九年度 国語に関する世論調査」で、今の日本語は乱れていると思うと回答した人（被調査者の約八割）のうち、六〇・四％の人が若者言葉に関して乱れを感じているという結果が出ています。

特に年輩の世代には、若者に特徴的な言葉づかいに対して違和感・嫌悪感をおぼえる人が多いようです。より良いコミュニケーションのために、若者言葉を使う人は自分の言葉づかいが違和感や嫌悪感をおぼえさせる理由を知る必要があり、年輩の人は若者言葉の性質を冷静に見る必要があります。若者言葉を使う人も使わない人も、この章の内容を参考にして、若者言葉について考えを深めてください。

この章では、多種多様な若者言葉のうち、「あまり問題にしなくてよい若者言葉」「非社会的な若者言葉」「コミュニケーションの仕方を反映する若者言葉」という三種類のものについてお話しします。

▼あまり問題にしなくてよい若者言葉

若者言葉といっても、様々な性質のものがあります（また、どういうものを若者言葉と呼ぶかに関しても、人によって違いがあります。ここでは、「若者に特徴的な言葉づかい」という程度の意味で「若者言葉」と言います。ラ抜き言葉やサ入れ言葉は、年輩の人もよく使うので若者言葉とは見なしません）。あまり問題にしなくてよい若者言葉もありますし、問題にしなければならないものもあります。

あまり問題にしなくてよい若者言葉というのは、例えば、「違《ちが》かった」「〜みたく」(「彼は、子どもみたく駄々をこねている」)などです。「違かった」「〜みたく」については、「新方言」として第3章で見ましたね。そこで説明したように、新方言といっても、ある地域特有の言い方ということではありません。新方言とは、最近生まれた、スタンダード(標準的)でない言い方のことです。新方言を使う人は若い世代に多いのですが、上の世代でも「違かった」「〜みたく」と言う人がいます。

それでは、「違かった」や「〜みたく」をあまり問題視しなくてよいのは、どうしてか。その理由は、すでに第3章でお話ししたように、「違かった」や「〜みたく」が〈言語使用上の大きな不都合を解消する変化ではないが、それなりの理由・必然性があって生じた言葉づかい〉だからです。そういう言葉づかいであるがゆえに、「違かった」「〜みたく」などは若者以外の世代にも広がりつつあるのです。

「全然大丈夫だよ」のように使われる「全然」も、あまり問題にしなくてよいと思います。

若者が「全然大丈夫だよ」「全然オーケー」「その髪型、全然いいよ」などと言っているのを年輩の人が聞くと、「「全然」という言葉は、「ない」という言葉と一緒に使われるんだよ」と教えたくなるかもしれません（日本語の歴史を見ると、「ない」を伴っていない「全然」も沢山あります。北原保雄〔編〕『問題な日本語』には、「そこで三人が全然翻訳権を与次郎に委任する事にした。」〔夏目漱石『三四郎』〕といった例が挙げられています）。

金田一春彦氏は次のように書いています。

私が少し気になるのは「全然素敵だ」とか「全然いいね」というように、「全然」が肯定に使われる言い方である。「全然」というのは本来、否定の言い回しに先立って使われるもの。……「全然」と言ったときは後に来るのは否定の表現であることをほのめかしているわけで、だからこそそれを肯定で結んでしまうと何となく落ち着かないことになるのである。
（『日本語を反省してみませんか』七七ページ、七九ページ）

確かに、「全然」は、「全然進まない」「全然楽しくない」のように「全然〜ない」という形をとることが多い。

それでは、「全然駄目だ」という言い方はどうでしょうか。「ない」という言葉がなくても、この言い方に抵抗感を抱く人は少ないと思います。

〈「全然」は、「全然〜ない」という形で使われる〉と考えている人は、この「全然駄目だ」という表現をどう説明するのでしょうか。おそらく、〈「駄目だ」が意味的に「ない」を含んでいるから、「全然駄目だ」という表現は許されるのだ〉という説明になるのではないでしょうか。つまり、「駄目だ」というのは「良くない」ということなのだ、という見方です。

この見方は当たっています。そして、じつは、「全然駄目だ」と同じようなことが「全然大丈夫だよ」についても言えるのです。

「全然大丈夫だよ」という表現は、意味的に《全然、心配は要らない》ということで、「ない」を含んでいます。例えば、転んだのを見て、心配そうに声をかけてくれた友人に、「全然大丈夫だよ」と言うのです。「全然オーケー」も、《全然、問題ない》ということです。また、「その髪型、全然いいよ」という表現も、《その髪型は、とても良い》ということではなく、髪型のことを気にしている人に対して《その髪型は、全然、問題ない》という意味で使われるのです（このことは、北原保雄［編］『問題な日本語』の一七～二一ページで指摘されています。そこでは、「こっちのほうが全然大きい」のような、《断然》という意味を表す「全然」についても書かれています）。

「その髪型、全然いいよ」のような言い方は奇妙に聞こえるかもしれませんが、「全然駄目だ」といった表現の延長線上に出てきたものであり、〈言語使用上の大きな不都合を解消する変化ではないが、それなりの理由・必然性があって生じた言葉づかい〉だと言えます。将来、日本語に定着する可能性は十分にあります。

以上、「あまり問題にしなくてよい若者言葉」の例として、「違かった」「〜みたく」「全然＋肯定形」を挙げました。もちろん、「あまり問題にしなくてよい」というのは、無条件に容認してよいということではありません。「違かった」「〜みたく」のような新方言や「全然いい」といった表現は、まだスタンダードな言い方にはなっていませんから、公の場やビジネス文書・学校のレポートなどで使うのは控えるのがよいと思います。

▼非社会的な若者言葉

問題にすべき若者言葉は、第5章で見た、話題転換の「っていうか」や「きもい」「きしょい」のような、非社会的な性質を持つものです。

皆さんは、次に挙げる若者言葉の意味が分かるでしょうか。

A（かっこいい時計を見て）この時計は、やばい。

B（おもしろい映画を見て）ありえない映画だ。

C　昨日は、がん泣きしたよ。

A・Bの若者言葉は、かっこいい時計・おもしろい映画を絶賛する表現です。しかし、年輩の人にとって、「やばい」「ありえない」は好評価を表す言葉ではありません。このことを承知の上で、右のような若者言葉としての意味が通じる相手（典型的には、自分の仲間）に対して「この時計は、やばい」「ありえない映画だ」などと言うのは構いません。そういう場合まで問題にするのは、干渉のしすぎです。

小矢野哲夫氏は、論文「若者ことばと日本語教育」（『日本語教育』一三四号）の中で次のように書いています。

若者ことばは、複数の若者が、その連帯意識の確認や娯楽的機能の発現として、双方向コミュニケーションにおいて実際に運用しているものである。そのコミュニケーションに関わっていない部外者や関係者でないものが話の場に割り込んで非難したり、あるいは若者の耳に届かないところで非難したりしてよいものでは、けっしてない。

（三九ページ）

問題なのは、場面や相手を考えずに先のA〜Cのような若者言葉を使うことです。「この時計は、やばい」「ありえない映画だ」という表現を聞いたら、年輩の人の多くは、話し手が時計・映画に対して悪い評価を下していると受け取ります。そういう誤解を生む表現なのです。これではコミュニケーションは成り立ちません。

Cの「がん泣きした」も、年輩の人が聞いたら、何のことかよく分からない（人が多い）でしょう。「泣いた」ということは分かるが、どういうふうに泣いたのかが分からない。「がん泣きした」というのは、大泣きしたということです。「大泣き」という従来の表現では激しさを表しきれないと感じて、「がん泣き」という新しい表現を作ったのです。こういう強調表現の若者言葉は、使われているうちに、強調しているという感じが弱くなり、廃《すた》れてしまうことが多い。

ともかく、「がん泣き」も、好評価を表す「やばい」「ありえない」と同様に、仲間内で使うぶんには問題ありませんが、場面や相手をわきまえずに使うべきではない。

自分の言動が周りの人にどういう影響を与えるのかを考えることが社会性（の一つ）です。電車の中で、周囲にお構いなしに大音量で音楽を聴いたり携帯電話で話し続けたりする人は、社会性に欠けています。

若者は社会性を欠く傾向がありますが、非社会的な年輩者も少なくない。私が子どもだった頃より、そういう大人が増えているように思います。社会性に欠けた大人が非社会的な若者を大量に生み出し、そういう若者が「非社会的な若者言葉」を使っているという面もあるのではないでしょうか。若者言葉の研究者として知られる米川明彦氏は次のように書いています。しっかりと耳を傾けたい言葉です。

現代の若者の心理は先述したようにエゴイズムである。これは大人にも共通している。ただ大人は若者と違って社会のしばりが強いので、若者ほどでないだけである。エゴイズムの背景は価値観の崩壊もあるが、根本的には無神論＝唯物論にもとづく思想・教育がもたらしたと筆者は考える。このエゴイズムから癒《いや》される道は自己を超えた方《かた》の働きかけを受け入れることである（竹林注…「自己を超えた方」とは、聖書に語られている三位一体の神を指している）。こころの教育が叫ばれているが、無神論＝唯物論にもとづくこころの教育に真の癒しはないことは精神神経科医でホスピスでの働きで有名な柏木哲夫氏や精神医学者の村松常雄氏らの著作でも明らかである（たとえば『人と心の理解』いのちのことば社、『不安と祈りの心理』講談社現代新書）。若者も大人も全世代を通じて生き方をしっかり見直す時ではないか。

（「おもしろい現代語語彙」『日本語学』一八巻一号、五〇ページ）

▼コミュニケーションの仕方を反映する若者言葉

コミュニケーションの仕方を反映する若者言葉とは、例えば、「家とかに電話とかしなくていいの？」というような言葉づかいのことです。年輩の人にとっては、「家に電話しなくていいの？」という表現のほうがしっくりくるでしょう。なぜ「家とか」「電話とか」という曖昧な言い方をするのか、理解に苦しむ人、違和感をおぼえる人が少なくないと思います。

このような「とか」の多用は、若者のコミュニケーションの仕方を反映しています。具体的に説明しましょう。

若者が多用する「とか」は、人と人がコミュニケーションをする際の緩衝《かんしょう》材のようなものです。

今の日本の若者はコミュニケーションが苦手な傾向にあると言われています。私は大学生（日本人と外国人留学生）を教えていますが、人とコミュニケーションがうまくとれない日本人学生が多い。中国や韓国からの外国人留学生のほうが、コミュニケーションのとり方が上手です。

ある大学では、毎年四月初めに新入生を対象とした一泊二日の宿泊行事を行なっています。この宿泊行事でおもな目的となっているのは、「友達作り」です。一八歳（あるいは、それより上）の人間にそういうことをしてやらねばならないのか、疑問に思っている（あるいは、嘆いている）教職員が少なくないでしょう。しかし、そういう「サービス」をする必要性を大学の教職員に感じさせるほど、今の日本の若者は人づきあいが苦手なのです。

人とうまくやりとりできない原因の一つは、互いの感覚や考え方の違いが生じることへの恐れです。人は、それぞれ、物事の感じ方や考え方が違います。感じ方・考え方が似ているということはあっても、全く同じであることはないはずです。だから、人と話をすれば、感じ方・考え方のズレが生じることは当然です。そういうズレ、人との摩擦を恐れ、嫌う傾向が、今の若者には強い。そこで、「家とかに電話とかしなくていいの?」というふうに、「とか」という緩衝材のような言葉を使って、できるだけ相手との摩擦が生じないようにしているのです。

「とか」を多用する若者ほどではなくても、人との違いを恐れたり嫌ったりするのは日本文化の特徴です。水谷修氏は、この日本文化の特徴を「同一化志向」と呼んでいます(『話しことばと日本人』第五章)。日本人は、人との同一化を好み、違いを嫌う傾向があります。自分も人と同じであろうとしますし、人に対しても自分と同じであってほしいと思うのです。

年輩の人であっても、「お茶でも飲みませんか」という言い方をするでしょう。この「でも」も、緩衝材の働きをする言葉です。「お茶でも飲みませんか」という表現は、《飲み物は「お茶」でなくてもいいですよ》《これからすることは、お茶を飲むということでなくても（つまり、別のことでも）いいですよ》といった含みがあります。こういう表現の極端な形が、「家とかに電話とかしなくていいの？」という言い方です。極端な形だから、年輩の世代には、「とか」の多用に対して違和感や抵抗感を抱く人が多いのです。コミュニケーション上の摩擦を避けようとして、逆に、世代間の摩擦を生じさせている（ことがある）のですね。『新日本語の現場』（橋本五郎［監修］）の一節を引用します。

数年ぶりに二人の新入社員が配属された中堅機械メーカーの五十代の営業課長は、新入社員の一言にカチンときた。「支店とかに連絡とかしておきましょうか」不況下の就職戦線で勝ち抜いてきただけあって、やる気は十分。礼儀正しく勤務態度も申し分ない。ところが、課長にとっては、彼らが発する言葉の言い回しがなんとも不自然で、違和感を覚えることが多い。そもそも「とか」は「支店とか支社とか」「連絡とか報告とか」のように、同類の事柄を並べて言う場合に使うもの。ひとつの場合に「とか」は不要のはず。なぜ「支店に連絡する」と素直に言えないのか。そう思うのである。（五ページ）

言葉の一区切りごとに句末のイントネーションを上げる話し方が問題にされることがあります。この話し方も、（一部の）若者のコミュニケーションの仕方を反映しています。

イントネーションを上げるということは、相手の反応をうかがう（あるいは、求める）ということです。疑問文で文末のイントネーションが上がることが多いのは、そのためです。

言葉の一区切りごとにイントネーションを上げて話すというのは、相手の反応を期待し、相手の反応を確認しながら話を進める、そういう話し方の極端な形です。極端な形だから、「〜とか」と同様に、聞き手が違和感や抵抗感を抱くことにつながります。

相手の反応をうかがいながら話をするのは、ごく自然なことです。しかし、その行きすぎの背後にあるのは、相手を気にしすぎる心理、相手の反応をいちいち確かめないと話が続けられない不安定な心のあり方です。

中高生の中には、自分が携帯電話で送信したメールに対して相手から数分以内に返事を受け取らないと、不機嫌になる人が少なくないそうです（大人でも、そういう人がいるかもしれません）。これは病的な他者依存です。相手からの反応がすぐに得られないと、自分の存在が否定されているように感じるのでしょうか。相手の反応を確かめないと自分の存在意義が見出せないのでしょうか。

このような「病的な他者依存」と、言葉の一区切りごとにイントネーションを上げる話し方とは、つながっていると言えるでしょう。若者の心の不安定さが共通して見てとれます。

▼若者言葉の存亡について

若者言葉が普通の日本語として定着することはあるのでしょうか。

若者言葉というと、流行語のように一時的に使われるだけで、そのうち消えてしまうものだと思う人が多いかもしれません。確かに、そういう若者言葉が大多数ですが、なかには、普通の日本語として定着するものもあります。

例えば、「カンニング」は、米川明彦氏によると、明治時代後期に学生語として使われるようになった「学生語としては珍しい息の長い語」です（『若者語を科学する』六九〜七一ページ）。

また、「たかる」は、古来、《集まる》という意味で使われていますが、《脅して金品を取ったり、ねだって飲食物をおごらせたりする》という意味で大正・昭和初期の若者が使い始め、やがて他の世代でも使われるようになりました。

「せこい」「やばい」も、元は若者言葉ですが、幅広い世代で使われるようになっています。すでに日本語の中に定着したと言ってよいでしょう。ただし、「せこい」「やばい」は、改まった場では使いにくい言葉です。

「カンニング」「たかる」「せこい」「やばい」といったマイナスの意味を持つ言葉ばかり取り上げましたが、プラスの意味を持つ若者言葉で、今や普通の日本語になっているものもあります。「かっこいい」が、その例です。「かっこいい」も、かつては若者言葉だったのです。

若者言葉として使われていても、日本語にとって有用なものは世代をこえて使われるようになり、やがて定着します。

なお、普通の日本語になった若者言葉とは別に、長いこと若者言葉であり続けているものもあります。例えば、《もちろん》という意味の「もち」です。「もち」は、八〇年以上も前から若者言葉として使われています。そして、他の世代には広がっていません。若者であったときには「もち」と言っていた人でも、やがて言わなくなります。こういう〈若者言葉であり続けている若者言葉〉を井上史雄氏は「若者世代語」と呼んでいます（『方言学の新地平』）。

▼より良いコミュニケーションのために

この章では、「日本語の乱れ」として取り上げられることが多い若者言葉についてお話しししました。

一口に若者言葉と言っても、多種多様なものがあります。ここでは、「あまり問題にしなくてよい若者言葉」「非社会的な若者言葉」「コミュニケーションの仕方を反映する若者言葉」という三種類の若者言葉について見ました。

若者言葉を使う読者には、この章の内容を、自分の言葉づかいについて考えるきっかけにしてほしいと思います。また、若者言葉を使わない読者には、若者言葉の諸相や若者言葉の背後にあるものを理解し、これからどのように若者言葉に反応・

対応していくか、お考えいただければ幸いです。

若者言葉を使う人と使わない人とのコミュニケーションは、異文化間コミュニケーションのようなもの。互いに様々な誤解が生まれ、あつれきが生じて、場合によっては関係の断絶に至ることもあります。そのような事態を防ぐための最初のステップは、自分を知り、相手を知ることです。知っていれば、相手を受け入れやすくなります。

「相手を知れ」ということは、よく言われます。しかし、相手を知るだけでは不十分です。自分のことも知らなければなりません。異文化間コミュニケーションにおいて、相手の文化を知るとともに自分の文化についても知っていることが大切なのと同様です。

互いに、より良いコミュニケーションを目指していきたいものです。

若者言葉とともに悪者扱いされることが多いのがカタカナ語です。皆さんはカタカナ語をよく使っていますか。それとも、カタカナ語の多さに困っていますか。「コーヒーブレーク」(これもカタカナ語ですね)をはさんで、カタカナ語について考えてみましょう。

＊＊＊コーヒーブレーク

「情けは人のためならず」
——どういう意味か

ことわざ「情けは人のためならず」の意味は、次の二つのうち、どちらでしょうか。

A　人に情けをかけておくと、巡り巡って結局は自分のためになる

B　人に情けをかけて助けてやることは、結局は相手のためにならない

文化庁が実施した「平成一二年度　国語に関する世論調査」（二〇〇一年一月の調査）の結果を見ると、全国一六歳以上の男女二一九二名のうち四七・二％の人が「情けは人のためならず」は右のAの意味であると思うと回答し、四八・七％の人がBの意味であると思うと回答しています。残りの四・一％は、「情けは人のためならず」の意味が分からないという人です（文化庁文化部国語課『平成一二年度　国語に関する世論調査　家庭や職場での言葉遣い』七八ページ）。

「情けは人のためならず」の本来の意味は、《人に情けをかけておくと、巡《めぐ》り巡って結局は

自分のためになる》です。右の文化庁の調査では、この本来の意味で考えている人より、《人に情けをかけて助けてやることは、結局は相手のためにならない》という新しい意味で考えている人が多いという結果が出ていますね。

昔の日本では、助け合いが大切にされていました。貧しい時代には、互いに助け合わなければ生活していけなかったのです。私が子どもだった頃（約三十年前）、近所の人が私の家に、「お米がなくなってしまったので、少しいただけますか」とやって来たのを覚えています。今、よその人にそんなことを言ったら、「スーパーで買われたらどうですか」などと言われかねません。「変な人だな」と思われるでしょう。

今の日本では、自助努力が重んじられています。あまり人を助けてやると、その人が自分で問題を克服することができなくなってしまう、というような見方が広まっています（そういう見方が間違っているというわけではありません）。

相互扶助《ふじょ》を大切にする価値観から自助努力を大切にする価値観へと、人々の考え方が変わってきているのです。その影響で、多くの人が「情けは人のためならず」を《人に情けをかけて助けてやることは、結局は相手のためにならない》という意味で考えるようになっているのだと思われます。価値観の変化が、ことわざの意味理解の変化に反映されているのですね。

英語に“A rolling stone gathers no moss”（転石、苔を生ぜず）ということわざがあります。その意味はイギリスとアメリカで違います（このことについては、外山滋比古《とやましげひこ》氏が『ことわざの論理』の中で詳しく書いています）。

イギリスでは、《頻繁《ひんぱん》に転職するなど変化の多い人には良いものが身につかない》というような意味です。一方、アメリカでは、《変化に富む人は新鮮でいられる》というような、イギリスとは正反対の意味です。この英米間の相違は、伝統を重んじるイギリス文化と変化・革新を重視するアメリカ文化の違いを反映しています。

また、苔をどう捉えるかという点での違いも見て取ることができます。

皆さんは、苔がお好きでしょうか。私は、夏になると軽井沢に行くのですが、万平《まんぺい》ホテルの近くにある「幸福の谷」の苔は、じつに見事です。苔のアロマで癒《いや》されます。幸福の谷だけでなく、軽井沢の別荘地の苔は、目にも美しく香りもある。

苔は、イギリス文化では「良いもの」というイメージですが、アメリカ文化では「汚いもの」というイメージです（少なくとも、ことわざ“A rolling stone gathers no moss”の意味からすると、そう言えます）。

「情けは人のためならず」にしても“A rolling stone gathers no moss”にしても、言葉が人々の考え方・価値観を反映するものであることが分かりますね。考え方・価値観の変化が言語変化の一要因だということを押さえておきたいと思います。

7 カタカナ語に翻弄されないために

カタカナ語とは、おもに英語から借用した、カタカナで書かれる言葉のことです（英語以外の言語から借用したカタカナ語もありますし、「ホームセンター」「ナイター」のように日本で作られたカタカナ語もあります）。

「ラジオ」「カメラ」などもカタカナ語なのですが、「ラジオ」や「カメラ」は日本語としてすっかり定着しているので問題視されることはありません。議論の対象となっているのは、「アクセス」「パーティション」「リテラシー」など、日本語の中に定着しているとは言い難《がた》い（あるいは、定着しているか疑わしい）言葉です。

私たちは、カタカナ語について、どのように考えればよいでしょうか。

▼大野晋氏の見解

近年、「カタカナ語の氾濫《はんらん》」が問題とされることが多く、日本語や日本人の将来を危ぶむ声も出ています。

例えば、大野晋《すすむ》氏は、柳瀬尚紀氏との対談の中で次のように話しています（「二一世紀への対話　五　日本語と世界文明」『新潮』二〇〇〇年五月号）。

戦後の日本は漢字の力を削《そ》いだわけですよ。だから今はアメリカから概念が来た時に、漢字の教育をちゃんとやらないから、漢字の造語力がなくなったわけですよ。僕は、二〇〇〇年というのが日本語の語彙が変わる節目であると思う。カタカナ語が圧倒的に、使われるようになる。怒濤《どとう》のごとく流れ込んでくる。……困ることは日本語の音節構造です。日本語は、c（子音）v

（母音）、ｃｖでどこまでも母音がくっついてこなきゃだめな言語です。……だからみんな長くなるわけですよ、コンスティテューショナル・ロウとかね。この頃いっぱいあります。（一九一ページ）

カタカナ語が増えると「コンスティテューショナル・ロウ」のように長い言葉が多くなって困る、というのが大野氏の意見です。しかし、必要があれば短い形にして使えばよいのです（そういうことは他言語でもありますが、日本語には特にその傾向が強く見られます）。「エアコン（↑エアコンディショナー）」「パソコン（↑パーソナルコンピュータ）」「コンビニ（↑コンビニエンスストア）」など、たくさんの例があります。大野氏の対談相手である柳瀬尚紀氏は、略語にすると「何だかわからなくなっちゃう」（一九二ページ）と言っていますが、「エアコン」「パソコン」「コンビニ」が分からない日本人は少ないでしょう。

また、大野氏は次のように話しています。

だいたい五音節までに収まらなければ一語にならない。漢字は二字で、だいたい四音節で一語にできた。それはとんでもない便利な手段だったんです。それを捨てたから、だからこの頃の若者たちはどうなるか。……Aという言語とBという言語があって、Aの文明が優勢である。Bは劣勢であるとした場合、どういうことが起きるか。いいですか、BはBなりに実はそれなりの言語文化を持っているものなんですよ。古来の伝承を何千行にわたって暗《あん》誦《しょう》するとかそういうことができて、その民族のそれなりの暮らしを維持してきているわけですよ。ところが進んだ技術をもつAが入ってくると、Bはだめだ Bの言語もだめだということになって、Aの言語を覚えたほうが生活が楽になるとか、お金が儲《もう》かるとかね。そうすると若者はどうするかというと、Bを覚えないでAを覚えようとする。ところがAを覚えようとしても、Aの社会に入ってはいけない。そうすると結局Aという社会の下級の仕事を引き受けるわけです。……Aという言語によっても高度の思考を自分で営むことができず、Bという言語もできない。どっちもできないという人間が出てくるんです。

（一九一～一九二ページ）

日本には日本語も英語もできない若者が出てくるというのが大野氏の懸念です。しかし、カタカナ語の増加が右のような大問題につながるのでしょうか。

▼カタカナ語を一括りにするのは、やめよう

カタカナ語について私たちが最も傾聴すべきだと思われる論は、小松英雄氏が『日本語の歴史』の中で展開している論です。正統的な日本語史研究と明快な論理に支えられた小松氏のカタカナ語論は、説得力に富みます。

小松氏が強調しているポイントの一つは、カタカナ語を一括《くく》りにすべきではないということです。

近年になって借用されたカタカナ語や、その類型に合わせて造語されたカタカナ語を「カタカナ語」という名称のもとに一括して、その良し悪しを論じたりすべきではない。個々の語について、和語や漢語による等価の置き換えが可能かどうか、また、可能であるとしたら、もっとも運用効率のよいのはどれであるかを客観的に査定すべきである。（六四ページ）

確かに、一口にカタカナ語と言っても様々な種類があります。このことを押さえずにカタカナ語について論じるのでは意味がありません。

それでは、カタカナ語には、どのような種類があるのでしょうか。カタカナ語は、じつに多種多様であり、私には、その全てを網羅的に示す用意がありません。以下では、「効率的な伝達に貢献するカタカナ語」「日本語表現を豊かにするカタカナ語」「非社会的なカタカナ語」という三種類のカタカナ語についてお話しします。

▼効率的な伝達に貢献するカタカナ語

まず、効率的な伝達に貢献するカタカナ語とは、どういうものでしょうか。「トータル」というのが、その一例です。「トータル」に関して、小松氏は次のように書いています。

筆者は、講義のなかで、たとえば、「ソータイテキに把握する」とか「ソータイとして機能する」と言うときには、そのことばを口にしながら黒板に「総体（的）」と書く習慣が身についていた。それを書かないと、学生諸君は「相対（的）」と聞き取るからである。「相対（的）」では話がつうじない。立ち話になると、漢字を口で説明しなければならない。そんな手間をかけるぐらいなら、最初から「トータルとして」と言えばよい。その程度のカタカナ語を知らない学生はいない。むしろ、「総体的」では、漢字を書いて見せても全員がその意味を理解するとは限らない。……筆者は、講義のなかで「総体的」以上に「相対的」を多く使ったはずなのに、「相対的」と黒板に書いた記憶がない。その事実は、今後における漢語とカタカナ語との使い分けの方向を示唆している。すなわち、同音異義の紛《まぎ》らわしい漢語があれば、優勢なほうが漢語で残り、劣勢なほうは、対応する適切なカタカナ語があれば、それに置き換えられるということである。

（七〇～七一ページ）

「総体的」と「相対的」とでは、意味が違います。

「総体的に考える」というのは、対象の全体を見て考えるということです。目の見えない人たちが動物の象に触って、各人それぞれに、象とはどういうものか意見を言うという話があります。胴体を触った人は「象とは壁のようなものだ」と言い、鼻を触った人は「象とは大蛇のようなものだ」と言いました。また、象牙を触った人は「象とは槍のようなものだ」と言いました。それぞれの意見は、象の一面を捉えています。しかし、象の全体的な姿を把握していないため、象について不十分な理解にとどまっています。

職場で厳しい上司がいるとします。その上司は、職場では厳しい顔をしていても、家に帰ると優しい顔になるかもしれない。職場でのあり方だけを見て、「あの人は、きつい人間だ」と言うことはできません。

物事を一面的に見るのではなく全体として考えるというのが「総体的に考える」ことです。

一方、「相対的に考える」というのは、対象を他と比べて考えるということです。一つのものだけを見ているのでは、それについての精確な判断は下せません。何かと比べることによって、対象のあり方がよく分かるようになります。

例えば、「日本語は、どういう言語か」ということを考えるとします。日本語だけを見ていては、日本語の性質は分かりません。他の諸言語と比べる中で、日本語の特徴が見えてくるのです。

もう一つ例を挙げましょう。「君は賢いね」という文の「君」は、日本語文法研究の世界で「題目語」（あるいは「主題」）と呼ばれています。しかし、「君って賢いね」の「君」も、「君、賢いね」の「君」も題目語です。「君は賢いね」のように題目語が助詞「は」で提示されるとき、その題目語がどういう性質を持っているかということは、題目語が「って」で提示される場合（「君って賢いね」）、助詞なしで提示される場合（「君、賢いね」）と比べることではじめて明らかになります（このことについては拙著『日本語における文の原理』の中で詳しく書きました）。「は」で題目提示をしている場合だけを眺めていても、「は」による題目提示の特徴は十分に見えてこないのです。

このように、物事を他と比較して考えることが「相対的に考える」ということです。「総体的」と「相対的」とでは意味が違いますから、「総体的」のつもりで「そうたいてき」と言ったのに「相対的」と受け取られたり、「相対的」のつもりで「そうたいてき」と言ったのに「総体的」と受け取られたりするのでは不都合です。また、どの意味で「そうたいてき」と言っているのかを説明しなければならないようでは面倒です。

「総体的」と言いたいときには「トータル」というカタカナ語を使えば、右のような伝達上の支障が解消されます。「総体的」が「トータル」というカタカナ語で表現されるようになると、「そうたいてき」は「相対的」に限定され、紛らわしくなくなります。正確かつ迅速な伝達が可能になるのです。こうした効率的な伝達に貢献するのが「トータル」というカタカナ語です。

「サイエンス」というカタカナ語も、「科学」と「化学」の紛らわしさを解消するために用いられていると考えてよいでしょう。「化学」を「ばけがく」と言って「科学」と区別することも行われています。「科学」のことを言いたいときにはカタカナ語「サイエンス」を使い、「かがく」と言えば「化学」のことを指すというような使い分けが定着するか、興味深い問題です。

▼日本語表現を豊かにするカタカナ語

カタカナ語の中には、すでに存在する和語・漢語の言葉とは少し違う意味を表すものがあります。

例えば、「プレッシャー」というカタカナ語について考えてみましょう。

「山田選手がプレッシャーを感じているようです」と言うのを「山田選手が圧力を感じているようです」と言うと変ですね。「圧力を感じている」と聞くと、山田選手が誰かから脅《おど》されているのかと思ってしまいます。

「圧力」ではなく「圧迫（感）」「重圧（感）」を使っても、「プレッシャーを感じている」で表される内容を表現することはできません。「山田選手が圧迫（感）を感じているようです」「山田選手が重圧（感）を感じているようです」と言うと、

「プレッシャーを感じている」とは違う意味を表すことになります。

「圧力」「圧迫」「重圧」の中で「プレッシャー」に最も近い意味を持つのは「重圧」でしょう。『明鏡国語辞典』の「プレッシャー」の項目には、「圧力。特に、精神的な重圧。」という説明があります。しかし、「プレッシャー」は、「重圧」というほど強い負担感でなくても使えます。「軽いプレッシャー」という言い方がありますね。

右のように、「プレッシャー」というカタカナ語は、「圧力」「圧迫」「重圧」のいずれとも異なる意味を表します。言い換えれば、「プレッシャー」は、「圧力」「圧迫」「重圧」では表せない内容を表現します。このように見ると、カタカナ語「プレッシャー」は、日本語表現を豊かにしていると言えます。

「インパクト」も、「プレッシャー」と同様に、日本語表現を豊かにするカタカナ語です。「インパクトのある言葉」という表現と「衝撃的な言葉」「印象的な言葉」

「影響力のある言葉」のような表現とでは、意味が違います。

文化庁が実施した「平成一三年度　国語に関する世論調査」（二〇〇二年一月の調査。対象は全国一六歳以上の男女三千人）に、「インパクト」の意味が分かるかという調査項目があります。六〇歳未満の被調査者は、八割以上の人が「インパクト」の意味が分かると回答しています。これに対して、六〇歳以上だと、「インパクト」の意味が分かる人の割合は約五割になります。

今、同じ調査をしたら、どうなるでしょうか。「インパクト」の意味が分からないと回答する六〇歳以上の人の割合は、ずいぶん減るのではないでしょうか。

▼非社会的なカタカナ語

第5章で「非社会的な言葉づかい」についてお話ししました。話題転換の「っていうか」は、脈絡なしに話題を変えてしまうことが非社会的なのであり、「きもい」

「きしょい」などは一部の世代でのみ使われている言葉を公の場で使うことが非社会的なのでした。

「非社会的なカタカナ語」というのは、「きもい」「きしょい」などの略語と同じような意味で社会性に欠けるカタカナ語です。もちろん、「社会性に欠けるカタカナ語」といっても、社会性に欠けるのは、言葉自体ではなく、そういうカタカナ語の使用者です。

例えば、「ディスクロージャー」「パーティション」「リテラシー」といったカタカナ語の意味が分かる人は、どれだけいるでしょうか。これらのカタカナ語を他者が理解できるかということを考えずに平気で使うことが非社会的なのです。

もっと質の悪い場合があります。自分の話を人が理解できないようにするために、多くの人に通じないカタカナ語をあえて使うような場合です。そういうことをして、何かをごまかしたり自分を立派に見せようとしたりする人がいます。このような行為は、「非社会的」と言うよりも「反社会的」と言うべきかもしれません。

よく知られているように、イメージを良くするためにカタカナ語が使われることがありますね。「商店街」を「ショッピングモール」と言うような場合です。こういう場合も、一部の人にしか通じない非社会的なカタカナ語になりがちです。

▼「外来語言い換え提案」について

非社会的なカタカナ語との関連で想起されるのは、国立国語研究所の「外来語言い換え提案」です。

「外来語言い換え提案」がどういうものかご存じない方のために、まず、この言い換え提案について説明しましょう。

カタカナ語の氾濫《はんらん》が問題となっている中で、小泉純一郎氏は、厚生大臣であったとき、一九八九年と一九九七年の二度にわたり、「用語適正化委員会」を厚生省内に設け、カタカナ語の使用基準作りをしました。また、小泉氏は、首相になってから も、二〇〇二年の経済財政諮問《しもん》会議で、分かりにくいカタカナ語の使用は問題だと発言しました。

国語審議会（第二二期）も、二〇〇〇年に提出した「国際社会に対応する日本語の在り方」という答申書の中でカタカナ語のことを扱っています（この答申は、一九九三年の、赤松良子《りょうこ》文部大臣［当時］からの諮問に対するものです）。

この国語審議会の答申と、先ほど触れた経済財政諮問会議での小泉氏の発言がきっかけとなって、国立国語研究所は、二〇〇二年に、同研究所内外からの委員で構成される「外来語」委員会を作りました。公共性の高い文章に出てくる分かりにくいカタカナ語を分かりやすくするための対策を検討し始めたのです。そして、二〇〇三年の四月から二〇〇六年の三月にかけて、計四回の「外来語」言い換え提案を発表しました。各回の発表に先だって、国立国語研究所のホームページや新聞で中間発表を行い、広く意見を募った上で、検討・修正を加え、最終案が発表されました。四回にわたる言い換え提案で扱われたカタカナ語は一七六語です。

言い換え提案の具体例を一つ挙げましょう。

ヒートアイランド

理解度　全体　★★☆☆　六〇歳以上　★☆☆☆

【言い換え語】　都市高温化

【用例】　ヒートアイランド《都市高温化》は温暖化の縮図であり、有効な対策を打てればそのまま温暖化対策にもなる。

【意味説明】　都市部の気温が周辺部より高くなる現象

【手引き】

◎等温図を描いたときに、都市部の気温が周辺部よりも高い様子が、島状になって現れるところからの呼び名である。

◎「熱の島」と言い換えることもできるが、その場合も「熱の島（都市高温化）」などと、説明を付与する必要がある。

◎一九九〇年代後半からよく使われるようになったが、意味を理解している人は少ないので、言い換えや説明付与の必要性は高い。

【その他の言い換え語例】　熱の島

「理解度」の項目にある星印の意味ですが、国立国語研究所による「外来語定着度調査」の結果、「意味が分かる」と答えた人が二五％未満であれば「★☆☆☆」、二五％以上五〇％未満は「★★☆☆」、五〇％以上七五％未満は「★★★☆」、七五％以上は「★★★★」と表示されます。

「ヒートアイランド」の場合、**「理解度**　全体　★★☆☆　六〇歳以上　★☆☆

☆」というのは、調査への回答者全体のうち、「意味が分かる」と答えた人が二五%以上五〇%未満であり（具体的には二五・九%）、六〇歳以上に限定すると、「意味が分かる」と答えた人が二五%未満になる（具体的には九・四%）ということです。カタカナ語の理解度が「全体」「六〇歳以上」の両方で七五%以上（★★★★）の場合には、言い換え提案の対象になっていません。

【言い換え語】とは「見出しの外来語を言い換えるのに最も適当だと考えられる言葉」であり、【その他の言い換え語例】とは「文脈や場面によって、【言い換え語】に示した言葉とは別の言葉が最適になる場合」に挙げられる言葉です（国立国語研究所「外来語」委員会［編］『分かりやすく伝える　外来語言い換え手引き』三一ページ）。

それでは、「外来語」委員会の言い換え提案について私の考えをお話ししましょう。『外来語と現代社会』（国立国語研究所［編］）には次のように書かれています。

現状では、公共性の高い場面で分かりにくい外来語が無造作に多用され、必要な情報の共有や円滑なコミュニケーションに支障が生じています。国立国語研究所の「『外来語』言い換え提案」は、このような現代社会の言葉の問題を、分かりやすく伝える言葉遣いの工夫によって、できるだけ軽減し解消していくことを目指しています。（二八ページ）

私は、右の趣旨に大賛成です。言い換え提案で扱われているカタカナ語（一七六語）のほとんどは、私が「非社会的なカタカナ語」と呼んだものです。そういうカタカナ語が公共性の高い場面で使われるのは問題です。

長い目で見れば、日本語にとって有用なカタカナ語のみが残ると考えられます（このことは後でお話しします）。しかし、だからといって、「必要な情報の共有や円滑なコミュニケーション」を妨げる非社会的なカタカナ語を黙認するわけにはいきません。現に困っている人たちがいるのです。陣内正敬《じんのうちまさたか》氏が著書『外来語の社会言語学』の中で次のように書いている通りです。

カタカナ語が分からないために必要な情報から取り残されたり、社会的サービスを受けられないなどの不利益を被《こうむ》る「カタカナ語弱者」にとっては、現実の生活が問題なのであり、百年後の日本語がどうなっているかということは関係がないのである。

（八五ページ）

国立国語研究所は、言い換え提案の趣旨を次の三点にまとめています。

① 公共性の高い場面で外来語をむやみに多用すると、円滑なコミュニケーションに支障が生じる。

② 特に官公庁・自治体、報道機関などでは、それぞれの指針に基づいて、言い換えや注釈などにより、受け手の理解を助ける必要がある。

③ この提案は、そのための基本的な考え方と基礎資料を、具体的に提供するものである。

（『外来語と現代社会』三三ページ）

右の要約の後にも、大事なことが書かれています。

この提案は、しばしば「言い換え語の一覧リスト」だけを示すものとして、狭く限定して理解されているようです。しかし、それは実は提案の一部にすぎませんから、誤った受け止め方です。言い換え語だけがこの提案の内容なのではありません。副題が示すように、「分かりにくい外来語を分かりやすくするための言葉遣いの工夫」として、その全体を提案していることを、改めて強調したいと思います。

（三三ページ）

言い換え提案は、〈この外来語（カタカナ語）は、この言葉で言い換えなさい〉と強制するものでは全くないということですね。分かりにくいカタカナ語によって人々が困るようなことをなくすために、緩やかな目安・よりどころとして一つの提案をしているのです。

ただ、個々の提案内容を見ると、問題もあると思います。

例えば、「インパクト」（理解度　全体　★★★★　六〇歳以上　★★★☆）の「言い換え語」として「衝撃」、「その他の言い換え語例」として「印象」「影響」「迫力」が挙げられています。しかし、先ほどお話ししたように、「インパクト」は日本語表現を豊かにするカタカナ語であり、他の言葉に置き換えると意味が違ってしまいます。「インパクト」には、この言葉でないと表せない意味があるのです。

また、言い換え語のほとんどが漢語であることについて、山口仲美氏は次のように書いています。

> ただでさえ多い漢語をふたたび増やし、同音異義語の問題を大きくしてしまうのはどうでしょうか。耳で聞いただけですばやく理解しなければならない場面が増えていく社会になることを考えると、問題なのです。
>
> （『日本語の歴史』二一八ページ）

確かに、漢語の同音異義語の問題を解消しようとしてカタカナ語が使われることがあります。先ほどの「相対的」「総体的」が、その例です。「総体的」が「トータル」というカタカナ語に置き換えられることによって、紛らわしくなくなるのでした（なお、「トータル」は、国立国語研究所の外来語定着度調査で扱われていないので、言い換え提案の対象にもなっていません）。

「ノーマライゼーション」（理解度　全体　★☆☆☆　六〇歳以上　★☆☆☆）の言い換え語は「等生化」「等しく生きる社会の実現」となっています。「等生化」は「外来語」委員会の造語ですが、耳で聞いたときに、「統制化」と思われてしまいかねない。言い換え提案には、「話し言葉では「等しく生きる社会の実現」のような言い換えも、耳で聞いて分かりやすい」とありますが、この言い換えは長いのが難点です。もちろん、「ノーマライゼーション」の理解度（全体　★☆☆☆　六〇歳以上　★☆☆☆）を考えると、「等生化」「等しく生きる社会の実現」という言い換えに問題があるからといって、「ノーマライゼーション」というカタカナ語を使えばよいということにはなりません。

加賀野井秀一氏（『日本語〝超〟進化論！』）は、言い換え語が誤解を生みそうな例として、「ハーモナイゼーション」を取り上げています（言い換え語「協調」、その他の言い換え語例「調整」「国際協調」「制度調和」）。「ハーモナイゼーション」とは、言い換え提案の「意味説明」に記されているように、「国際間で制度などの調和を図ること」を表します。単に国際間で仲良くするといった意味ではないのに「協調」や「国際協調」と言い換えたのでは誤解を生むおそれがある、と加賀野井氏は言うのです。

国立国語研究所の「外来語」言い換え提案には今お話ししたような問題点があります。しかし、言い換え提案の問題点を指摘するよりも、一人一人が同提案の根本精神を理解して、他者に配慮しながら言葉を使うことのほうがずっと大切です。言い換え提案の根本精神とは、私の言葉で言えば、非社会的なカタカナ語をなくし、円滑な情報伝達・コミュニケーションの実現を目指そうということです。この考え方の重要性をきちんと認識する人が増えていけば、現状は少しずつ改善されるでしょう。

▼カタカナ語は日本語を滅ぼすか

この章の冒頭にも書きましたが、このままカタカナ語が増え続けると日本語が滅びてしまうと考えている人がいます。この見方は正しいのでしょうか。

国語辞典をめくってみれば分かりますが、日本語の言葉の約半数は漢語です（日本で作られた和製漢語もありますが、多くは中国語から取り入れたものです）。それでは、漢語の借用・使用によって日本語は滅びたのでしょうか。そうではありません。大量の漢語を導入して、日本語を豊かにしたのです。明治維新以降の近代化に漢語が大きく貢献したことは、ここで言うまでもないでしょう。
カタカナ語の増加によって日本語が滅びることはありません。
小松英雄氏の文章を引用しましょう。

原理的に言って、カタカナ語が増えても日本語の将来を心配する必要はない。なぜなら、他の言語とどれほど濃密に接触しても、どの語を借用してどのように使用するかは、借用する側の主体的な選択だからである。借用されるのは、その言語を運用するうえで有用な語だけであることは、過去の事例から明らかである。……原理として一般化するなら、言語は効率的運用に役立たない構成要素を体系のなかに抱え込むことはない。それを逆に捉えるなら、言語体系を構成するすべての項目は、他の項目が果たすことのできない固有の役割を担《にな》っている。（『日本語の歴史』六三〜六四ページ。傍線は原文のもの）

また、イアン・アーシー氏も次のように書いています。

十前後ある日本語の品詞のうち、外来語（竹林注…本章で「カタカナ語」と呼んでいるもの）が大きく踏み込んでいるのは名詞と、その延長線上にあるものだけである。……外来語は広く、浅く日本語に分布しているわけで、日本語の構造そのものに何らの影響も及ぼしていない。それどころか、おびただしい数にもかかわらず、日本語の文法に完全に飲み込まれてしまっている。大した包容力だ。

（『怪しい日本語研究室』一五二〜一五三ページ）

一時的に使われているだけで日本語の中に定着しないカタカナ語も少なくないでしょう。有用なカタカナ語は残り、不必要なカタカナ語は消えます。

ただし、その日まで黙っていればよいというわけではありません。非社会的なカタカナ語には厳しい姿勢をとるべきです。自分も使わないように気をつけ、人にも使わせないようにすることが大切です。非社会的か否かの線引きが困難なカタカナ語もあるでしょう。大事なのは、「こういうカタカナ語を使って人に意味が伝わるか」と考える心づかいです。

この章で強調したのは、カタカナ語を一括《くく》りにして使用の是非を論じるべきではないということです。同じく「カタカナ語」といっても、様々な性質のものがあります。この章では、多種多様なカタカナ語のうち、①効率的な伝達に貢献するカタカナ語（例えば「トータル」）、②日本語表現を豊かにするカタカナ語（例えば「プレッシャー」）、③非社会的なカタカナ語（例えば「ディスクロージャー」）という三種類のものを見ました。①②は認めてよいカタカナ語であり、③は認めてはならないカタカナ語である、というのが私の意見です。

また、本章では、カタカナ語の増加によって日本語が滅びることはないとしました。よく言われるように、今のこと、将来のことを考えるのに歴史の知識が役立ちます。日本語には、大量の漢語を取り入れて言葉を豊かにしてきた歴史があります。カタカナ語が氾濫しているように見えても、日本語の存亡を危ぶむ必要はありません。有用なカタカナ語だけが残るのです。

ここまで読んでくださった皆さん、ほんとうに有難うございます。いよいよ最後の章を残すばかりとなりました。最後の章のテーマは、ファミリーレストランやコンビニなどの接客業の言葉づかいです。ファミリーレストランやコンビニでマニュアル的な敬語に嫌な思いをしたことがある方にも、そういうところでアルバイトをしている方にも、ためになるような話をします。

8 接客業の言葉づかい

よく話題になる「日本語の乱れ」に、ファミリーレストランやコンビニなどの接客業の言葉づかいがあります。例えば、「千円からお預かりします」「コーヒーのほう、お持ちしました」「御注文は以上でよろしかったでしょうか」のような言い方です。これらの表現は、どういう性質のものなのでしょうか。

▼「千円からお預かりします」

「千円からお預かりします」という表現が問題となるのは、「から」があるためです。「から」を取り除いて「千円お預かりします」にすると、問題のない言い方になります。「から」を使うのであれば、「お預かりします」を「頂戴します」に変えて、「千円から頂戴します」と言えばよいのです。

それでは、「千円からお預かりします」では駄目で、「千円お預かりします」「千円から頂戴します」だと問題ないのは、どうしてでしょうか。以下、その理由を考えてみましょう。

じつは、「千円からお預かりします」という表現には、省略されているものがあります。省略しないで言うとすれば、「千円から代金をお預かりします」となります（なお、「千円から」は「千円の中から」ということです）。しかし、「預かる」というのは《他人のものを一時的に自分の手元に置く》ということです。食事や品物の代金は店のものになるのですから、「代金をお預かりします」というのは変だというわけです。

一方、「千円お預かりします」は、「千円をお預かりします」ということ。「代金＋α」の千円を一時的に受け取る（そして、代金以外の分はお釣りとして返す）ということですから、適切な言い方です。また、「千円から頂戴します」も、「千円から代金を頂戴します」ということですから、正しい表現です。

なぜ、「千円からお預かりします」が問題で、「千円お預かりします」「千円から頂戴します」が問題のない表現なのか、納得していただけたでしょうか。

ここで、もう一歩踏み込んで考えてみたいと思います。どうして、「千円からお預かりします」という言い方が生じたのか、ということです。その理由として次の二つが考えられます。

一つ目は、「千円お預かりします」という言い方と「千円から頂戴します」という言い方が混ざって、「千円からお預かりします」という一つの言い方になったのだろうということです。このように、二つの表現が混交して、新たな表現が生まれることは、たまにあります。「的《まと》を得る」が代表的な例です。「的を得る」は、「的を射る」「当《とう》を得る」という、似た意味を表す二つの表現が混交して出来た言い方です。他の例を国広哲弥氏の『新編　日本語誤用・慣用小辞典』から挙げておきましょう。

汚名挽回……「汚名返上」と「名誉挽回」の混交

揚げ足をすくう……「揚げ足を取る」と「足をすくう」の混交

体調をこわす……「体調を崩す」と「体をこわす」の混交

「千円からお預かりします」という表現が生まれた理由の二つ目は、お金のやりとりをする店員が代金を自分のものだと思っていないということです。特に、アルバイトの店員には、そういう意識があるでしょう。「この代金は自分のものではなく、店のものだ」という気持ちが「預かる」という言葉の使用につながっています。

先日、映画のＤＶＤをレンタルショップに返却したところ、そのＤＶＤをカウンターで受け取り、返却手続きを終えた店員に「はい。お預かりします」と言われて驚きました。店員である自分と店との一体感が弱いのでしょう。確かに、私が返却したＤＶＤは店員個人のものではありません。しかし、そんなことは分かり切っています。「これは私自身のものではない」という意識を言葉にすることに何の意味があるのでしょうか。店員を店側の人として捉えている私には、「お預かりします」という言葉が不自然に感じられました。

以上、「千円からお預かりします」という言い方が生まれた理由として二つのものを挙げました。一つ目は混交表現だということであり、二つ目は店員の意識（店との一体感の弱さ）です。これら二つの理由があいまって、「千円からお預かりします」という表現が生じ、広がっているのでしょう。理由は理由として分かるのですが、「変な言い方だ」という声を押し切って使うほどのメリットはありません。

▼「コーヒーのほう、お持ちしました」

「コーヒーのほう、お持ちしました」という表現で問題となるのは、「〜のほう」という部分です。「お持ちしました」は、「お〜する」という謙譲表現に丁寧語「ます」と完了を表す「た」が付いた形ですから、全く問題ありません。

それでは、「〜のほう」という言い方が問題視されるのは、どうしてでしょうか。

北原保雄（編）『問題な日本語』には、「〜のほう」という言葉の従来の使い方が二つ書かれています。

一つ目は、あからさまに言いにくいようなことについて話す場合に「〜のほう」を使うということです。例えば、「その後、お体のほう、いかがですか」といった使い方です。他人の体のことはプライバシーに関わることですから、「〜のほう」という、ぼかす言い方をして間接性を持たせるわけです。

「〜のほう」の、もう一つの使い方は、何かを他との対比関係で話に登場させるというものです。例えば、仕事と趣味のことについて「仕事のほうはうまく行ってるけど、趣味には時間がとれなくてね」のように言う場合です。この場合は、仕事のことを趣味と対比して「仕事のほうは」と言っています。

右の二つの使い方は従来からあります。一方、（コーヒーしか注文していない客に対して）「コーヒーのほう、お持ちしました」と言うのは、あからさまに言いにくいことを話すのでもなく、コーヒーのことを他との対比関係で表現するのでもありません。だから、「コーヒーのほう、お持ちしました」という言い方は間違っている、と批判されることになるのです。

しかし、「コーヒーのほう、お持ちしました」という表現の「〜のほう」は、本当に、従来の使い方から外れているのでしょうか。

先ほど、「その後、お体のほう、いかがですか」の「〜のほう」が、間接的にものを言う表現だということを書きました。間接的な言い方が丁寧な表現につながるということは日本語に限りませんが、特に日本語では間接的表現が好まれます。だから、外国人から、「日本人の話は、何を言いたいのか、よく分からない」と言われます。日本人は、ぼかした言い方をする傾向が強いのです。

私は、大学で外国人留学生に日本語を教えています。この仕事を始めた頃は、私の言わんとしていることが留学生に伝わらないことがしばしばありました。例えば、遅刻を注意するのに「これからは遅刻しないように気をつけてくださいね」というような間接的な言い方をしていました。言われた学生は、文字どおり、「これから遅刻に気をつければいいんだ」という程度に軽く受けとめ、今まさに自分が注意を受けているのだとは思わなかったのです。

「コーヒーのほう、お持ちしました」の「〜のほう」も、客に対して丁寧な言い方をしようとして間接的な表現が選択されたのだと考えられます。つまり、「その後、お体のほう、いかがですか」といった表現の延長線上に位置づけられるものです。もちろん、「コーヒー」のことは話に持ち出しにくいようなことではありませんから、「〜のほう」を付けずに、「コーヒー（を）お持ちしました」と言っても何ら差し支《つか》えはありません。しかし、より丁寧に表現しようという気持ちが「コーヒーのほう、お持ちしました」という言い方を生むのです。

▼「こちら、ハンバーグセットになります」

間接的な表現にすることで丁寧さを高めようとしている例としては、「こちら、ハンバーグセットになります」のような表現も挙げられます。

結婚が決まったことを人に伝えるときに、しばしば、「私ども、この度、結婚することとなりました」のような表現が使われますね。自分たちの意志で結婚するのだから「結婚することに致しました」とすればよさそうなものですが、そういう直接的な表現は好まれません。このように、「なる」という言葉は間接的表現に用いられることがあります。

「こちら、ハンバーグセットになります」という言い方も、「こちら、ハンバーグセットでございます」と言えばよさそうなものですが、「なる」を使って間接的に表現し、丁寧に接客しようとしているのです。「～です」「～でございます」より「～になります」のほうが柔らかくて好感を与える、という調査結果もあります（陣内正敬《じんのうちまさたか》『日本語の現在《いま》』第二〇章。調査対象は関西の女子大生一〇〇人）。

▼**表現意図が裏目に出ることもある**

「コーヒーのほう、お持ちしました」も「こちら、ハンバーグセットになります」も、そういう言い方をする店員は、間接的に表現することで丁寧に接客しようとしているわけです。しかし、その表現意図が客に伝わらない場合もある。「変な言い方だ」「どうして持って回った言い方をするのか」と思われて、客の気分を害することになっては逆効果です。

できるだけ丁寧に接客しようという気持ちは大切ですが、右のように、その気持ちが裏目に出ることもあります。なるべく客に抵抗感を与えないようにするのであれば、「コーヒー（を）お持ちしました」「こちら、ハンバーグセットでございます」という表現を使うほうがよいでしょう。

▼「御注文は以上でよろしかったでしょうか」

店員が、客の注文を受けて、注文内容を復唱した後に、「御注文は以上でよろしかったでしょうか」と言うことがあります。〈「御注文は以上でよろしいでしょうか」と言えばいいのに、なぜ、「よろしかったでしょうか」と「た」を付けるのか〉と違和感を抱く人がいます。

「た」が付くことが不自然に感じられるのは、「た」は過去のことを言うときに使われる言葉だという思い込みがあるからでしょう。〈「注文が以上でよいか」を今確認しているのだから、「た」を使うのは変だ〉という考え方です。

しかし、「た」は、過去のことを言うときにだけ使われるわけではありません。バスが向こうに見えたとき、「あっ、バスが来た」と言うことがありますね。これは今（発話時）のことです。叩き売りで聞く「さあ、買った！　買った！」という表現も、丁寧な言い方にすれば「買ってください」となる。「た」を使って過去のことを表しているわけではありません。このように「た」の使い方を見ていくと、〈「た」は過去を表すから、「御注文は以上でよろしかったでしょうか」という言い方は誤りだ〉とは言えなくなります。

それでは、「御注文は以上でよろしかったでしょうか」の「た」は、一体どういう働きをしているのでしょうか。

この「た」は、「確認」を表す「た」です。

「明日の会議は何時からだったっけ」の「た」は、すでに決まっている会議開始時刻を確認する言葉です。（人の名前を忘れて）「失礼ですが、お名前、何とおっしゃいましたかね」というのも、相手の名前を確認する表現。

「御注文は以上でよろしかったでしょうか」の「た」も、「注文が以上でよいか」を確認しているのです。確認という行為は、既定の事柄を確かめること。右の例で言うと、会議の開始時刻・相手の名前は、すでに定まっています。同じように、注文内容もすでに定まっている。その既定の注文内容を「た」で確認しているわけです。

「御注文は以上でよろしいでしょうか」という「た」のない表現でも、結果的に確認であることに変わりはありませんが、言語表現上は、「注文が以上でよいか」を問うているだけです。

▼正しければ使ってよいか

それでは、「御注文は以上でよろしかったでしょうか」という表現は、使っても一向に構わないのでしょうか。

表現自体の正誤と使用の可否とは分けて考えるのがよい、というのが私の意見です。間違った言い方は避けるべきですが、正しい言い方だからといって、いつでも、どこでも使ってよいということにはなりません。

よく考えてみれば（あるいは、人に説明されれば）正しい表現でも、そのことに気づかずに、「変な言い方だ」と思っている人がいます。「御注文は以上でよろしかったでしょうか」は、そういう例の一つです。

先ほど、「コーヒーのほう、お持ちしました」「こちら、ハンバーグセットになります」についてお話ししたように、間違った言い方をしていなくても、客の気分を害したり抵抗感を抱かせたりしたのでは何にもなりません。だから、接客業では、そういう表現は避けるほうが無難です。
このように書くと事なかれ主義のように見えるかもしれないので、一言、弁明しておきたいと思います。私の願いは、多くの人が「言葉を見る眼《め》」を養うことであり、「コーヒーのほう、お持ちしました」「こちら、ハンバーグセットになります」「御注文は以上でよろしかったでしょうか」のような言い方に人々がいちいち目くじらを立てない日が来ることです。

▼客の名前の尋ね方

『問題な日本語　その三』に次のような質問が取り上げられています。

質問　あるメーカーに電話で注文をしたところ、「お名前をいただけますか」と聞かれ、大事な個人名など上げられるものかと思いました。この言い方、変ではないでしょうか。

（一一二ページ）

この質問に対して、編著者の北原保雄氏は、〈名前は、やりとりできる性質のものではないから、「お名前をいただけますか（頂戴できますか）」という言い方は変である〉と答えています。

また、北原氏は、「お名前お願いします」「お名前よろしいでしょうか」といった表現も「変な言い方」だとして、その理由を次のように書いています。

「お名前」と「お願いします」「よろしいですか」とがつながりません。「お名前（をお教えください。）お願いします」「お名前（を伺って）よろしいでしょうか」などの（　）の部分が省略されているのです。重要な部分を省略して、ただ「お願いします」「よろしいでしょうか」とだけ言うから、大体の意味は通じますが、変なのです。（一四ページ）

それでは、客の名前を尋ねるときに、どういう表現を使えばよいのでしょうか。このことについて右の本には明確に書かれていないので、ここで考えてみましょう。

まず、「お名前（をお教えください。）お願いします」「お名前（を伺って）よろしいでしょうか」の（　）内を省略せずに言うと、どうなるでしょうか。

「お名前をお教えください。お願いします」では、長いだけでなく、「お願いします」がとってつけたようで不自然です。だからこそ、「お名前お願いします」という言い方になるのでしょう。

それでは、「お願いします」を言わずに、「お名前をお教えください」とだけ言うのは、どうでしょうか。これでは愛想がないような感じがします。

「お名前を伺ってよろしいでしょうか」では、どうか。この表現は、必ずしも名前を聞かなくてよいときなら、ぴったりした適切な言い方です。しかし、客の名前を尋ねるのは、ほとんどの場合、名前を聞かなければならないからでしょう。名前を尋ねられて当然だという場合に「お名前を伺ってよろしいでしょうか」と言われると、持って回った言い方だという印象を受けてしまいます。

客の名前の尋ね方は、なかなか難しいですね。

私は、「お名前（を）お教えいただけますでしょうか」（あるいは、「お名前（を）お教えいただけますか」）という表現がよいと思います。この表現であれば、「お名前をお教えください」という言い方に感じられる無愛想さはありません。また、「お名前を伺ってよろしいでしょうか」のような持って回った言い方だという感じもしないでしょう。なかなか舌が回らないかもしれませんが、そのうち慣れてくるはずです。ぜひ使ってみてください。

おわりに

——言葉を見る眼を養うために

第8章で、言葉を見る眼《め》を養っていただきたいということを書きました。絵画を見る眼や人を見る眼というのは分かりやすいと思いますが、言葉を見る眼というのは何でしょうか。

私の言う「言葉を見る眼」とは、言語表現について的確に考え、把握する力のことです。従来の言い方と違うというだけの理由で、新しく出てきた表現を間違いだと決めつけるのは、言葉を見る眼があるとは言えません。また、言葉は時とともに変わるものだからという理由で、新しい表現を無条件に認めてしまうのも、言葉を見る眼があるとは言えません。一つ一つの表現の性質をきちんと見極めることができてこそ、言葉を見る眼があるということになるのです。

それでは、言葉を見る眼を養うためには、どうすればよいのでしょうか。本書の終わりにあたって、私の体験を交えながら、言葉を見る眼を養う方法についてお話しします。

▼私が母に感謝している二つのこと

私が両親に感謝していることは沢山ありますが、ここでは、言葉を見る眼との関連で、母に感謝している二つのことを書きます。

一つ目は、私が幼かった頃に、絵本の読み聞かせを熱心にしてくれたことです。絵本の読み聞かせの大切さや効用については、松居直《ただし》氏の著書（『わたしの絵本論』や『絵本のよろこび』）などに詳しく書かれていますが、私にとって大きかったのは、母の読み聞かせによって私が「言葉好き」になったことです。

言葉好きというのは、おしゃべりが好きだということとは違います。言葉の世界が好きなのです。この感覚、お分かりいただけるでしょうか。

言葉の心地よい響き・リズム・テンポだけではありません。同じようなことを表現するのに様々な言い方があって、どの言い方を使うかで意味やニュアンスが異なる。それが面白いのです。また、同じ言葉を使っても、場合によって違う意味になることがあります。例えば、「君の話、おかしくて、笑いがとまらなかったよ」というときの「おかしい」と、「あの人は、どうも頭がおかしいらしいね」というときの「おかしい」とでは意味が違いますね（前者は《面白い》という意味で、後者は《変だ》という意味です）。同じ言葉が場合によって違う意味を表すのは、どうしてか。こういうことに興味をそそられるのです。

「言葉好き」「言葉の世界が好きだ」という感覚がどういうものか、お分かりいただだけたでしょうか。私は、絵本の読み聞かせによって言葉が好きになりました。仕事で忙しい中、熱心に読み聞かせをしてくれた母に心から感謝しています。

私が母に感謝していることの二つ目は、惜しみなく本を買ってくれたことです。絵本の読み聞かせの影響で私は言葉好きになり、本を読むことが大好きになりました。

このような思い出があります。小学五、六年生の頃、毎週日曜日に学習塾に通っていました。午前の授業と午後の授業の間に昼休みがあり、塾の近くの店で昼食を買うようにと毎回五百円程度のお金を渡されていました。私は、そのお金で昼食を買わずに、塾から歩いて二、三分の少し大きな書店に行き、文庫本を買って、昼休みに読んでいたのです（食べ物を買うお金は残らなかったので、何も食べずに本を読んでいました）。そのくらい本が好きでした。もちろん母に内緒でしていたことですが、やがて知られてしまいました。そのとき、母は、「本が買いたいんだったら、その分のお金も渡すから、きちんと昼ご飯を食べなさい」と言ってくれました。

私は、本を買いたいと母に言って、駄目だと言われた記憶がありません（実際には駄目だと言われたことがあるかもしれませんが、私の記憶には残っていません）。自分が親になった今考えてみると、これは驚くべきことです。金銭的に裕福な家ではありませんでしたが、かなり高価な本も買ってくれました。本は基本的に良いものだと母は考えていたようです。その代わり、他のもの（例えば、おもちゃやゲーム）を買うことは厳しく制限されました。

こう書くと、いわゆる「教育ママ」のようですが、そうではありません。私が本を買ってほしいと言えば「いいよ」と言って買ってくれただけで、自分が選んだ本を私に押しつけるようなことはありませんでした。母が読書家だったわけでもなく、私の勉強を丁寧に見てくれたわけでもありません。仕事があって母が家にいる時間は少なく、私は放任の状態でした。寂しいと思うこともありましたが、結果的に、私にとっては放任で良かったと思っています。誰にも干渉されずに、好きなだけ本を読めたからです。

▼鋭い言語感覚の必要性

言葉を見る眼を持つためには、言葉についての鋭い感覚を身につけている必要があります。「鋭い感覚」といっても、何か特別な鋭敏さが要求されるわけではありません。言葉の誤用を見たり聞いたりしたときに、「この言葉は、こういうふうには使わないな」ということが分かればよいのです。本の読み聞かせや読書は、そういう言語感覚を育ててくれます。私が長々と自分の体験を書いたのは、今持っている言語感覚が読み聞かせと読書に大きく負っているからです。

私は、三〇歳になってからバイオリンを習い始めました。自分が音程を外して弾いていても、そのことになかなか気づきません。先生に指摘されてはじめて「ああ、音程がずれていたな」と気づくのですから、情けないものです。

生まれつき音感が鋭い人がいるようです。しかし、私はそうではなく、子どもの頃に音楽教室で楽器を習っていたのでもありません。学校の音楽の時間には、楽譜が読めずに苦労し、リコーダーもろくに吹けませんでした。家で音楽が流れているということもありませんでした。

大人になってから、娘がピアノを習い始めたのに触発されて、軽い気持ちでバイオリンを習うことにしたのですが、あまり上達しません。もどかしいのですが、仕方ないと思っています。「継続は力なり。何事でも、あきらめずに続けることが大事だよ」と娘に言ったこともあるし、バイオリンを弾くのが嫌なわけでもないので、ほぼ毎日の練習を続けています。しかし、まことに遅々とした歩みです。

一方、娘のピアノのほうは、どんどんうまくなっています。音感の面でも技術の面でも、子どもの頃から楽器の練習を続けている人には、とてもかなわないと思います。物事には、効果的に身につく時期があるのですね。

言葉についての感覚に関しても、小さい頃の生活が大切です。大人がきちんとした言葉を使うこと、子どもに本の読み聞かせをすること、そして、子ども自身が本を読むこと、これら一つ一つのことが子どもの言語感覚を育てます。

もちろん、ここに挙げたことが全てではありません。例えば、落語を聴かせるというのも良いでしょう。本格的な落語は難しいと思いますが、子ども向けの落語のCDも出ています。「親子で楽しむ落語の会」のようなものがあれば、家族で出かけてみてはいかがでしょうか。また、『声に出して読みたい日本語』シリーズの著者、齋藤孝氏が強調している名文の音読も効果的です。

ただ、どんなに良いものでも、子どもに無理強いするのは逆効果でしょう。その子どもの性格や好みに合わせて選択するのがよいと思います。

こう書くと、「大人になってからでは遅いのか」という思いを抱く読者がいらっしゃるかもしれません。確かに、言葉についての感覚は、子どものときのほうが効果的に身につきます。しかし、大人になってからでも遅くはない、というのが私の考えです。言葉についての勉強や読書によって、言葉の使い方や様々な知識を学ぶことができます。ただし、うんちくや理屈でない、直観的な言語感覚の鋭さは、子どもの頃から豊かな言語体験をしてきた人にはかなわないと思ったほうがよいでしょう。それほど、子どものときの言語体験は大事なのです。

▼言葉のあり方を学ぶ

今お話ししたように、言葉を見る眼を身につけるのには鋭い言語感覚を持っている必要があります。しかし、言語表現について的確に考え、一つ一つの表現の性質を見極める力を養うためには、鋭い言語感覚に加えて、言葉のあり方を学ばなければなりません。

言葉のあり方を学ぶとはどういうことかと言うと、言葉はどのように使われるものなのかという言語使用のあり方を学んだり、言葉が時とともに変わるのはどうしてか、言葉はどのように変わるのか、という言語変化のあり方を学んだりすることです。こういう知識がないと、誤用表現や新しい表現に対して「変だな」と感じたとしても、どうしてそういう表現が生まれたのか、その表現はどういう性質のものなのか、といったことを的確に捉えることが難しいのです。

例えば、第2章で紹介した、ラ抜き言葉についての林真理子氏・山根一眞氏の見方を振り返ってみましょう。

「見れる」「来れる」のようなラ抜き言葉が生まれ、広がっている理由を、林氏・山根氏は会話の速度という観点から考えました。スピーディーに話す時代だから「ら」を抜くようになったという見解です。しかし、そういう理由でラ抜きになるのであれば、第2章で書いたように、「られる」が「可能」を表すときだけでなく、「受身」「自発」「尊敬」を表すときにもラ抜きになってよいはずですね（実際には、

「可能」を表すときにしかラ抜きになりません)。

林氏や山根氏は鋭い言語感覚の持ち主でしょう。だからこそ、朝日新聞や読売新聞という大新聞からラ抜き言葉についてのコメントを求められたのだと思います。しかし、鋭敏な言語感覚を持っていても、それだけでは、言葉のあり方を的確に把握することは困難です。

それでは、言葉のあり方を学ぶためには、どうしたらよいのでしょうか。大学・大学院などで言語学や日本語学を勉強すればよいのですが、誰もがそうできるわけではありません(なお、私の知人には、会社を定年退職してから大学院に入って言語学を専攻している人や、仕事をしながら大学の通信教育で日本語学を学んでいる人がいます)。

そこで、私がお勧めしたいのは、言語使用や言語変化について書かれている本を読むことです。ただし、良質でない本もあるので注意が必要です。本書の末尾に

「推薦図書」として挙げた本の中から何冊か読んでいただけば、言葉のあり方について大まかなことが分かります。

この本も、言葉を見る眼を養うための一助になればという願いを込めて書いてきました。言葉の専門家が見たら、当たり前のことが書かれていると思うでしょう。しかし、その当たり前のことが世間一般の共通理解になっていません。そこで、私は、言葉のことを、できるだけ分かりやすく書こうと努めました。

皆さんの学びがますます深まることを祈念して、このあたりで筆をおきます。本書をお読みくださり、どうも有難うございました。

引用文献一覧

（著者名・編者名の五十音順で配列した）

イアン・アーシー『怪しい日本語研究室』毎日新聞社、二〇〇一年

井上史雄『方言学の新地平』明治書院、一九九四年

井上史雄『日本語ウォッチング』岩波新書、一九九八年

井上史雄『敬語はこわくない』講談社現代新書、一九九九年

梅津正樹（編著）『似たもの言葉のウソ！ホント？』東京書籍、二〇〇八年

大野晋『日本語練習帳』岩波新書、一九九九年

大野晋・柳瀬尚紀（対談）「二一世紀への対話　五　日本語と世界文明」『新潮』二〇〇〇年五月号

尾上圭介「文法を考える　6　出来文（2）」『日本語学』（明治書院）一七巻一〇号、一九九八年

尾上圭介「ラレル文の多義性と主語」『月刊言語』（大修館書店）三二巻四号、二〇〇三年
加賀野井秀一『日本語〝超〟進化論！』（NHK日本語なるほど塾八月号）日本放送出版協会、二〇〇四年
北原保雄（編）『明鏡国語辞典』大修館書店、二〇〇二年
北原保雄（編）『問題な日本語』大修館書店、二〇〇四年
北原保雄（編）『続弾！　問題な日本語』大修館書店、二〇〇五年
北原保雄（編）『問題な日本語　その三』大修館書店、二〇〇七年
金田一春彦『日本語を反省してみませんか』角川書店、二〇〇二年
金田一秀穂『適当な日本語』アスキー新書、二〇〇八年
国広哲弥『日本語誤用・慣用小辞典』講談社現代新書、一九九一年
国広哲弥『新編　日本語誤用・慣用小辞典』講談社現代新書、二〇一〇年
国立国語研究所（編）『外来語と現代社会』国立印刷局、二〇〇六年
国立国語研究所「外来語」委員会（編）『分かりやすく伝える　外来語言い換え手引き』ぎょうせい、二〇〇六年

小松英雄『日本語はなぜ変化するか』笠間書院、一九九九年
小松英雄『日本語の歴史』笠間書院、二〇〇一年
小矢野哲夫「若者ことばと日本語教育」『日本語教育』（日本語教育学会）一三四号、二〇〇七年
齋藤孝『声に出して読みたい日本語』草思社、二〇〇一年
齋藤孝『読書力』岩波新書、二〇〇二年
柴田武・山田進（編）『類語大辞典』講談社、二〇〇二年
陣内正敬『日本語の現在《いま》』アルク、一九九八年
陣内正敬『外来語の社会言語学』世界思想社、二〇〇七年
新村出（編）『広辞苑　第六版』岩波書店、二〇〇八年
竹林一志『日本語における文の原理』くろしお出版、二〇〇八年
外山滋比古『ことわざの論理』ちくま学芸文庫、二〇〇七年
西尾実・岩淵悦太郎・水谷静夫（編）『岩波国語辞典　第六版』岩波書店、二〇〇〇年
日本語学研究所（編）『勘違いの日本語』ＰＨＰ研究所、二〇〇〇年

日本語検定委員会『日本語検定公式三級過去問題集　平成二一年度版』東京書籍、二〇〇九年
日本聖書刊行会『聖書　新改訳　第三版』いのちのことば社、二〇〇三年
野口悠紀雄『「超」整理日誌　時間旅行の愉しみ』新潮文庫、二〇〇二年
野口悠紀雄『「超」文章法』中公新書、二〇〇二年
橋本五郎（監修）『新日本語の現場』中公新書ラクレ、二〇〇三年
橋本五郎（監修）『乱れているか？　テレビの言葉』中公新書ラクレ、二〇〇四年
文化庁文化部国語課『平成一二年度　国語に関する世論調査　家庭や職場での言葉遣い』財務省印刷局、二〇〇一年
文化庁文化部国語課『平成一九年度　国語に関する世論調査　日本人の国語力と言葉遣い』ぎょうせい、二〇〇八年
松居直『わたしの絵本論』国土社、一九八一年
松居直『絵本のよろこび』日本放送出版協会、二〇〇三年
松尾聰『増補改訂　古文解釈のための　国文法入門』研究社、一九七三年

松尾聰『源氏物語を中心とした　語意の紛れ易い中古語攷』笠間書院、一九八四年
松尾聰『日本語遊覧』笠間書院、二〇〇〇年
水谷修『話しことばと日本人』創拓社出版、一九七九年
山口仲美『日本語の歴史』岩波新書、二〇〇六年
山口仲美『若者言葉に耳をすませば』講談社、二〇〇七年
山田俊雄『ことば散策』岩波新書、一九九九年
米川明彦『若者語を科学する』明治書院、一九九八年
米川明彦「おもしろい現代語語彙」『日本語学』（明治書院）一八巻一号、一九九九年

推薦図書
――さらに学びたい人のために

① 『日本語ウォッチング』井上史雄、岩波新書、一九九八年
② 『敬語はこわくない』井上史雄、講談社現代新書、一九九九年
③ 『問題な日本語』北原保雄（編）、大修館書店、二〇〇四年
④ 『続弾！　問題な日本語』北原保雄（編）、大修館書店、二〇〇五年
⑤ 『問題な日本語　その三』北原保雄（編）、大修館書店、二〇〇七年
⑥ 『新編　日本語誤用・慣用小辞典』国広哲弥、講談社現代新書、二〇一〇年

これら六冊は、数多くの事例について客観的な視点で論じていて、有益です。記述が分かりやすい。『問題な日本語』シリーズの中では一冊目（③）が最も充実しているように思います。

⑦　『日本語の歴史』小松英雄、笠間書院、二〇〇一年

「おもしろくて役に立つ、わかりやすい日本語史入門」として書かれた本（とは言え、内容は高度）。カタカナ語の問題、日本語の色名（青信号はなぜアオなのか）などについて、〈言語の効率的運用〉〈体系として機能する言語〉という観点から論じられています。右の推薦図書①～⑥では物足りない方に最適です。

⑧　『日本語はなぜ変化するか』小松英雄、笠間書院、一九九九年

おもにラ抜き言葉・助動詞「（ら）れる」（古代語では「（ら）る」）を対象として考察がなされています。日本語について本格的に学びたい方に、一読をお勧めします。

⑨　『若者言葉に耳をすませば』山口仲美、講談社、二〇〇七年

若者言葉について詳しく知りたい方は、ぜひお読みください。

竹林　一志（たけばやし　かずし）

1972年、茨城県生まれ（1歳半より東京で育つ）
2001年、学習院大学大学院日本語日本文学専攻博士後期課程
修了
現在、日本大学准教授（博士［日本語日本文学］）

著書
『現代日本語における主部の本質と諸相』
くろしお出版、2004年（追補版：2007年）
『「を」「に」の謎を解く』笠間書院、2007年
『日本語における文の原理』くろしお出版、2008年
『日本古典文学の表現をどう解析するか』笠間書院、2009年

これだけは知っておきたい言葉づかい
時とともに言葉が変わる理由

2011年4月30日　初版第1刷発行

著者　竹林　一志

装幀　椿屋事務所

発行者　池田つや子
発行所　有限会社　笠間書院
東京都千代田区猿楽町2-2-3［〒101-0064］
電話　03-3295-1331　FAX　03-3294-0996

ISBN978-4-305-70546-4 　印刷／製本：シナノ
出版目録は上記住所または http://kasamashoin.jp/ まで。